Ilse Kokula
Jahre des Glücks,
Jahre des Leids

Gespräche mit älteren lesbischen Frauen
Dokumente

Frühlings Erwachen

2. Auflage Oktober 1990

Alle Rechte an den Interviews 1986 beim Verlag Frühlings Erwachen.
Satz: Magazin Verlag, Kiel
Druck: Einblatt, Kiel

Verlag Frühlings Erwachen
Schweffelstr. 6, D - 2300 Kiel 1

Frühlings Erwachen 10, ISBN 3-925393-11-0

Inhaltsverzeichnis

Vorwort

„Ich habe das immer gesucht! Wenn es das 20 Jahre vorher gegeben hätte, wäre ich 20 Jahre vorher dahingegangen. Ich habe durch die Filme des Rosa von Praunheim und der HAW (Homosexuelle Aktion Westberlin, I.K.) davon erfahren. Ich bin dann durch eine Bekannte hingekommen, die sagte: Komm mal ins LAZ (Lesbische Aktionszentrum, I.K.), nee, die nächste Sitzung ist bei der L'74. Und dann hat sie mir davon erzählt. Nichts wie hin. Da war ich mit einem Schwung auf dem richtigen Boot."

Dieses „das da" ist eine Gruppe von älteren lesbischen Frauen. Lilo A., die „mit einem Schwung auf dem richtigen Boot war", war ein Gründungsmitglied dieser Gruppe L'74 (L steht für Lesbos und 74 für das Gründungsjahr 1974) und eine der ersten Mitarbeiterinnen der Zeitschrift UKZ („Unsere kleine Zeitung"). Die UKZ ist die älteste Zeitschrift für lesbische Frauen im deutschen Sprachraum, sie erscheint seit Februar 1975 regelmäßig einmal im Monat.

Im Rahmen der L'74 habe ich die meisten der älteren Frauen kennengelernt, mit denen ich in den Jahren 1975 - 1982 Interviews machte, sie nach ihren Erlebnissen befragte und dadurch ein Stück „Lebensgeschichte" erfuhr. Als ich 1975 anfing — ein Neuling auf dem Gebiet des Interviewens —, die älteren Frauen aus der Gruppe L'74 nach ihrer Lebensgeschichte zu befragen, wurde ich belächelt. Auch war damals schwierig, Veröffentlichungsmöglichkeiten für die Interviews zu finden. So liegen bei einem Interview z. B. sieben Jahre zwischen dem Gespräch und der Veröffentlichung. Nur die Schweizer Zeitschrift Lesbenfront publizierte immer gern die Gespräche, auf diese Zeitschrift stieß ich aber erst später. Genauer gesagt, ich kannte sie schon, glaubte aber nicht, daß sie die Lebensgeschichten deutscher Frauen veröffentlichen würden.

Ich befand mich in einem Konflikt. Sollte ich die Gespräche authentisch lassen oder sollte ich sie lesbarer machen? Ich habe mich bei diesen Interviews für die Authentizität entschieden. Inzwischen ist „oral history", also die mündliche Erzählung, ein anerkanntes Verfahren zum Festhalten der Geschichte von Personen und Gruppen, die sonst keinen Weg in die geschriebene Historie finden würden. Bei meinen Interviews erhebe ich nicht den Anspruch, „oral history" zu betreiben, sondern verstehe die aufgezeichneten Gespräche als Beitrag zur Spurensuche der sozialen Geschichte lesbischer Frauen. Das Erleben in der Weimarer Zeit, des Nazi-Terrors oder des Miefs der fünfziger Jahre findet sich nicht in den sogenannten Fachbüchern zum Thema Homosexualität. Schon aus diesem Grund müssen die Frauen selbst sprechen.

Innerhalb der Frauenbewegung und der Gruppen lesbischer Frauen vollzog sich in den vergangenen Jahren ein Meinungswandel. In den ersten Jahren wurden die älteren Frauen mit ihren Erlebnissen und ihrem Geprägtsein mit Skepsis betrachtet. Als dann angefangen wurde, sich mit den Müttern zu beschäftigen, entdeckten auch die lesbischen Frauen ihre Mütter und Vorgängerinnen. Gleichzeitig entwickelte sich ein Interesse an historischen Fragen. Die Zunft der Historiker übersieht allzugern das Wirken von Frauen in der Geschichte und die soziale Lage von Frauen in den vergangenen Jahrhunderten. Und vor allem wurden die lesbischen Frauen vergessen. So gibt es m. W. im deutschen Sprachraum keine einzige von einem Historiker veröffentlichte Arbeit über die Situation lesbischer Frauen im Faschismus. Lesbische Frauen können sich damit trösten, daß auch die homosexuellen Männer von offizieller Seite übergangen wurden. Hier gibt es aber zum Glück schon einige Arbeiten, die von homosexuellen Männern geschrieben wurden. Mit der den Männern eigenen Borniertheit konzentrierten diese sich ausschließlich auf männliche Homosexuelle, ohne zu bedenken, daß es bei allen Unterschieden zahlreiche Gemeinsamkeiten gab und gibt.

Die Schwulen können eine geplante Verfolgung vorweisen. Der § 175 wurde 1935 von den Nationalsozialisten verschärft, dagegen vertraten die NS-Ideologen die Ansicht, eine Kriminalisierung lesbischer Frauen sei nicht notwendig, da die Fortpflanzung bei ihnen gesichert sei. Außerdem würden lesbische Frauen in der Öffentlichkeit eine geringe Rolle spielen (wie wahr!). Das „Laster" sei bei den Männern mehr verbreitet, und die innigeren Formen freundschaftlichen Umgangs zwischen Frauen allgemein würden „Schwierigkeiten der Feststellung des Tatbestandes" bereiten. Lesbische Frauen wurden während der NS-Zeit aber trotzdem verfolgt, sie galten als „asozial" und wurden mit dem „Schwarzen Winkel" in die KZs eingeliefert.

Schon vor der Verschärfung des § 175 wurden nach der Röhm-Affäre im Oktober und November 1934 Telegramme an alle deutschen Polizeidienst-stellen gesandt mit dem Auftrag, „namentliche Listen sämtlicher Personen, die sich irgendwie homosexuell betätigt haben (und) evtl. Abschrift der vorhandenen Karteien beim Geheimen Staatspolizeiamt, Berlin II, 1.

Sonderdezernat, einzureichen." Ob von dieser Aktion auch Frauen betroffen waren, ist bisher nicht bekannt. Aus dem Sonderdezernat „Homosexualität" wurde am 10.10.1936 die „Reichszentrale zur Bekämpfung der Homosexualität und Abtreibung". Die deutsche Familienpolitik läßt grüßen! Waren lesbische Frauen für die Nazis zwar nicht kriminell, so waren sie doch „asozial" und „entartet" und hatten deshalb Verfolgung zu befürchten. Einige Nazi-Ideologen, wie der Jurist Klare, plädierten deshalb für Kriminalisierung und damit verbunden für eine Ausmerzung.

Die Zeit nach dem Faschismus war für lesbische Frauen genauso trist wie die NS-Zeit. Jetzt waren sie nicht mehr „entartet", dafür aber wurden sie als psychische oder sexuelle Monsterwesen betrachtet. Die wahre Frau der fünfziger und sechziger Jahre war dem Mann zugeneigt. Sie vermied Berufstätigkeit und widmete sich Mann und Kindern, ja, sie machte ihren Arbeitsplatz für Männer frei. Nach den Theorien vielgelesener Autoren (die ihre Machwerke oft schon in der NS-Zeit geschrieben hatten) gingen nur noch Mannweiber außerhäuslicher Erwerbsarbeit nach.

Durch die Gruppe L'74 fand ich Frauen, die mir von diesen Zeiten berichteten; die darlegten, was sie in diesen Zeiten getan hatten, was sie erlebten und was sie fühlten. Sie ließen mich an ihrem Glück und an ihrem Leid teilnehmen. Einige der interviewten Frauen sind inzwischen verstorben. Ich bedaure, daß ich sie nicht intensiver befragte, und ich bedaure vor allem, daß ich nicht alle Frauen interviewte, die ich in den Jahren 1975 und 1976 kennenlernte.

Die Gruppe L'74 wurde im November 1974 durch die damals fast 70jährige Diplom-Wirtschaftlerin Käthe Kruse, von allen Kitty genannt, gegründet. Ihr Versuch ging auf die Anregungen der inzwischen verstorbenen Malerin Gertrude Sandmann zurück. Diese hatte die lesbische Subkultur der Weimarer Zeit in Berlin gut gekannt. Kitty schildert in einem Bericht vom 10.8.1977, daß sie 1973 ihre alte Bekannte Gertrude Sandmann wieder getroffen habe, die ihr riet, eine Gruppe älterer, berufstätiger homosexueller Frauen zu gründen, da es derartiges in Berlin nicht gäbe und doch dringend notwendig sei. Kitty schreibt dann, daß Gertrude Sandmann nicht nur die Anregung zur Gruppengründung gab, sondern sie auch tatkräftig unterstützt habe. Sie habe ihr immer Mut gemacht, auf keinen Fall aufzugeben, wenn Unstimmigkeiten und Rückschläge einträten, wie sie im Verlauf einer Gruppenentwicklung normal seien.

Kitty schrieb Frauen an, die bei früheren Besuchen im LAZ ihre Anschriften hinterlassen hatten. Von den zwölf eingeladenen Frauen erschienen beim ersten Treffen am 22.11.1974 sechs, vier weitere Frauen waren verhindert, erklärten sich aber zur Mitarbeit bereit.

Kitty gehört zu den mutigen Frauen, die in der NS-Zeit trotz Arbeitslosigkeit keiner Nazi-Organisation beitraten. Sie war als Jugendliche Mitglied einer „Proletarischen Singschar" gewesen und kann noch heute viel von diesem Teil der deutschen Jugendbewegung berichten. Während des Krieges verbarg sie unter Lebensgefahr eine Jüdin und deren Ehemann und half in den letzten Kriegstagen der Jüdin Gertrude Sandmann.

Die Malerin Gertrude Sandmann wurde am 16.11. 1893 in Berlin geboren und starb am 6.1.1981 in dieser Stadt. Sie war über 80 Jahre alt, als es zur Gruppengründung kam. Zierlich und gebrechlich, aber mit wachem Interesse nahm sie an den ersten Gruppensitzungen teil. Sie ließ sich dann bei allen weiteren durch ihre Lebensgefährtin Tamara vertreten. Kitty berichtete ihr zudem laufend von der Entwicklung der Gruppe. Bei den wenigen Gruppentreffen, an denen sie teilnahm, sprach sie so gut wie gar nicht. Später, als ich sie einmal in ihrer Wohnung mit dem Atelier in der Eisenacher Straße im Bezirk Schöneberg (nicht weit entfernt vom sog. jüdischen Viertel am Bayerischen Platz) besuchte, sagte sie, daß der Krieg und die Verfolgung ihr die Sprache verschlagen hätten. Sie konnte auch nur ganz leise sprechen. Ihre Schweigsamkeit und ihre beobachtende Art ließen sie manchen anderen Gruppenmitgliedern autoritär erscheinen. Sie wirkte wie eine „Grande Dame de Lesbianisme", wie ein ehemaliges Gruppenmitglied in der Erinnerung feststellt. Gertrude Sandmann wollte auch, daß die Gruppe L'74 nach außen sichtbar wird und dazu beiträgt, daß lesbische Frauen ein Kontaktnetz bilden. Sie entwarf das Titelbild der UKZ, das über zwei Jahre hinweg bis Dezember 1977 jeden Monat das Titelblatt zierte. Im ersten Jahr erschienen auch noch Zeichnungen in der UKZ, und später schrieb sie kleine Berichte oder Stellungnahmen wie „Die Situation der Frau als bildende Künstlerin" (UKZ 1/76) oder „Anfang des lesbischen Zusammenschlusses: die Clubs der Zwanziger Jahre" (UKZ 7/8/1976). Ich sagte ihr einmal, daß die lesbischen Frauen in der Weimarer Zeit sich so wenig politisch organisiert hätten. Sie dagegen vertrat die Auffassung, daß die Zeit dafür einfach nicht reif war. In einem Brief (vom 30.7.1976) schrieb sie mir dann:

„Es war sogar damals noch schwer für den Einzelnen, zu seiner Veranlagung zu stehen und mit ihr zu leben — die erste Phase der

10

Kitty Kruse und Ilse Kokula auf der Veranstaltung zu Kittys 80. Geburtstag

Befreiung. Die zweite, der Zusammenschluß der Gleichveranlagten, konnte erst darauf aufgebaut werden."

In diesem erwähnten Brief schildert sie ihre politische Einstellung. Hier zeigt sich, daß sie auch in Zeiten, in denen der Feminismus nicht aktuell war, feministisch dachte:

„Während meiner Studienzeit in München 1917 — 1922 war ich als Mitglied der Unabhängigen Sozialdemokratie (weil sie als einzige Partei gegen den Krieg stimmte). Nachdem ich da aber reichlich Gelegenheit hatte, hinter die Kulissen zu sehen und das patriarchalische Verhalten zu beobachten, bin ich nie wieder einer Partei beigetreten.

Das patriarchalische Verhalten in den Parteien hat sich seitdem kaum geändert. Wir Frauen erreichen nichts oder nicht genug für uns, wenn wir, statt uns endlich eine starke Frauenpartei zu schaffen, uns an die sozialistische anhängen. Wir werden da immer plattgedrückt werden."

Gertrude Sandmann studierte zuerst in Berlin — hier war sie auch Schülerin von Käthe Kollwitz; dann in München und Paris. Sie war Mitglied der Freien Sezessionen und hatte zahlreiche Ausstellungen. Von 1933 bis 1945 hatte sie Arbeitsverbot. Sie überlebte die Judenvernichtung als eine von etwa 1.200 jüdischen Mitmenschen in Berlin, weil sie hier von verschiedenen Leuten versteckt wurde, darunter auch von einer früheren

Hausangestellten ihrer Eltern und ihrer Exfreundin, der Ehefrau eines Diplomaten für Afghanistan. Sie berichtete mir, daß sie sich in dieser Zeit nur frei bewegen konnte, wenn Fliegeralarm war und alle Menschen in die Bunker rannten. Sofort nach der Entwarnung kroch sie — sie war ja klein und zierlich — in einen riesiger Schreibtisch, damit sie vom Luftschutzwart nicht gesehen wurde, der nach jeder Entwarnung eine Kontrollrunde machte. Gertrude Sandmann starb ein Jahr nach dem Tod ihrer Lebensgefährtin Tamara, mit der sie fast drei Jahrzehnte zusammengelebt hatte.

Tamara war der Künstlername von Röschen Streck, die als Akrobatin und Künstlerin in Kabaretts, Varietés und im Zirkus aufgetreten war. Durch ihre Tätigkeit am Hochseil und Trapez in den zugigen Etablissements hatte sie sich schwerwiegende Körperschäden in Form von Arthrose und Arthritis zugezogen. Als sie Miglied der Gruppe L'74 war, arbeitete sie als Fahrerin für einen Papierversand, und als Papierstapel für sie zu schwer wurden, fuhr sie Zigaretten aus. Sie besorgte der Gruppe L'74 das notwendige Papier für den Druck der UKZ. Tamara gehörte zu den Frauen, die immer um ein gutes Gruppenklima bemüht waren. In meiner und anderer Frauen Erinnerung redete sie immer zum Guten. Lilo A., die sich noch gut an Tamara erinnert,, sagt heute: „Wenn Tamara da war, konntest du dich wohlfühlen, nicht so wie 'bei Muttern', sondern wie bei *der* Mutter! So was Liebes, Unaufdringliches."

Ihre zurückhaltende Art gab sie nur einmal auf, als sie eine Frau in der L'74 traf, die ebenfalls Artistin gewesen war und in Paris gastiert hatte. Mit ihr tauschte sie Erinnerungen aus. Nach einem längeren Krankenhausaufenthalt verstarb Tamara im November 1979 im Alter von 65 Jahren. Sie und ihre Lebensgefährtin hatten sich schon 1978 aus der Gruppe zurückgezogen.

Der Reigen von Schicksalen und ausgeprägten Persönlichkeiten läßt sich fortsetzen. Für die ersten Ausgaben der UKZ machte sich die inzwischen verstorbene Journalistin Christine Koller verdient. Sie arbeitete etwa ein Jahr in der Redaktion mit. Mit ihrem professionellen Können bearbeitete sie die eingegangenen Artikel, die in der ersten Zeit oft recht unbeholfen waren. In den ersten Monaten erschien zu den Gruppensitzungen auch eine fast 80jährige Frau, Gräfin T. Sie verkörperte in meinen Augen eine längst vergangene Welt. Auch sie lebte, wie mehrere Frauen aus der Gruppe, in recht bescheidenen finanziellen Verhältnissen. Trotzdem verkörperte sie noch den Glanz und die Rechthaberei des deutschen Adels. Ich bedaure immer wieder, daß ich damals von den einzelnen Persönlichkeiten so

12

fasziniert war und deshalb gar nicht auf die Idee kam, sie nach ihren Erlebnissen zu befragen. Welch ein Wissen über die Weimarer Zeit hätte sich mir aufgetan, denn sie alle dachten mit Vergnügen an diese Zeit der entwickelten Berliner Subkultur zurück.

Eine weitere Frau mit schillerndem Lebenslauf war Marthe. Sie war kurz nach der Jahrhundertwende geboren und arbeitete als junge Frau als Tänzerin im Ballett. In ihren Erzählungen ließ sie die damalige Theaterwelt und lesbische Subkultur noch einmal aufleben. Sie war gebrechlich und kam manchmal mit dem Taxi zu den Gruppensitzungen. Vor einigen Jahren starb sie im Altersheim.

Der Gruppe L'74 gelang es im Gegensatz zu anderen Gruppen, Frauen sehr unterschiedlicher Persönlichkeit und Herkunft zu integrieren. Ihr gehörten sowohl Frauen an, in deren Leben es keine Möglichkeit zu Kreativität gegeben hat, die keine „schillernden" Berufe, sondern ein hartes Arbeitsleben hatten, wie auch Frauen, die als bildende Künstlerin, Schriftstellerin und Musikwissenschaftlerin tätig sein konnten. Oder Frauen, die als verarmte Adelige einer völlig anderen Welt entstammten. Während die erst genannten Frauen für ein gutes Gruppenklima sorgten, vertraten die letztgenannten Frauen mehr die Gruppe nach außen. Lona V. und Lilo A. waren für die Entwicklung der Gruppe von großer Bedeutung. Sie hatten wie Tamara die Fähigkeit, in der Gruppe für ein gutes Klima zu sorgen, Angst zu reduzieren und Gemütlichkeit herzustellen. Diese Fähigkeiten sind für den Fortbestand einer Gruppe von nicht zu unterschätzender Notwendigkeit.

Hedi, die den ersten Versuch zur Bildung einer Gruppe älterer lesbischer Frauen unternommen hatte, war Krankenschwester. Sie verstarb als knapp 50jährige. Als junges Mädchen war sie bei einer Massenvergewaltigung von 20 Russen vergewaltigt und danach mühsam zusammengeflickt worden. Sie war in der Altenpflege tätig. Auf ihre Initiative geht die Schließung eines Altenheimes zurück, da sie die miserable Versorgung der Alten und Kranken anprangerte. Sie tat dies, obwohl sie wußte, daß sie mit großer Wahrscheinlichkeit kein anderes Berliner Altenheim einstellen würde. So hatte sie auch in den letzten Jahren ihres Lebens Probleme mit der Stellensuche. Eien weitere Krankenschwester war Elisabeth B. Sie kam auch zuerst zum LAZ und war dann über die Gründung der L'74 sehr glücklich. Ihre Tätigkeit war vor allem der Briefwechsel mit Frauen, die isoliert in westdeutscher Provinz lebten. Im Rahmen dieses Briefwechsels lernte sie auch ihre Lebensgefährtin kennen, mit der sie nun schon seit vielen Jahren zusammenlebt. Hedi hatte beim Versuch, eine Gruppe zu gründen, auch ihre Lebensgefährtin kennengelernt. Diese war ebenfalls ein tragendes Mitglied der Gruppe L'74. Sie kam zu den Gruppensitzungen, berichtete über die Weimarer- und NS-Zeit, nahm an den Redaktionssitzungen teil und schreibt gelegentlich für die UKZ. Ihre oft kontrovers vorgetragenen Auffassungen haben immer eine gewisse Lebendigkeit in die Zeitung — aber auch in die Gruppe — gebracht.

Natürlich habe ich inzwischen weitere ältere Frauen außerhalb der Gruppe L'74 kennengelernt und Gespräche mit ihnen auf Band aufgezeichnet. In mir formt sich langsam das Bild lesbischen Lebens der zurückliegenden Jahrzehnte. Zur Rekonstruktion unserer Geschichte brauchen wir das Wissen unserer Vorgängerinnen. Wer außer ihnen könnte uns über ihre Identitäten, ihre Selbstverständnisse, ihre Freundschaften und Partnerschaften, ihre Cliquen, Vereine, Lokale und politischen Organisationen, über die von ihnen gelesenen Zeitschriften und Bücher, ihren Widerstand und ihre Anpassung, ihren Mut und ihre Ambivalenzen berichten, wenn nicht sie selbst. Da die Geschichtsschreibung lesbische Frauen übergeht, werden wir aus Lebensläufen unsere Geschichte rekonstruieren müssen. Diese Rekonstruktion aus subjektiver Sicht werden wir durch Dokumente ergänzen müssen, auch wenn es vor allem Zeugnisse der Unterdrückung oder der Verächtlichmachung, der Entwürdigung sind. Auch die Wechselwirkungen zwischen gesellschaftlicher Bedrohung und individueller Nichtanpassung (das Wort Widerstand reserviere ich für geplantes, aktives Tun oder Lassen) wie in der NS-Zeit oder der Nachkriegszeit, oder zwischen gesellschaftlicher Liberalität und individueller Entspannung, wie es ansatzweise in der Weimarer Zeit zu finden war, werden wir zu berücksichtigen haben. Ich habe diesem Band hier einige Dokumente beigefügt, die vor allem die NS-Zeit betreffen. Auch aus Auszügen aus dem Urteil des Bundesverfassungsgerichtes von 1957 schienen mir geeignet, das offizielle Klima gegenüber lesbischen Frauen in den fünfziger Jahren zu verdeutlichen. Mich erinnern die Passagen der Gutachter und Richter über das Wesen von Frauen allgemein und lesbischen Frauen im besonderen stark an das, was aus der Zeit von 1933 bis 1945 bekannt ist.

Kürzlich sagte eine 80jährige Frau zu mir: „Der Krieg begann für uns lesbischen Frauen schon '33". Vielleicht läßt sich hinzufügen, daß der Krieg bis etwa 1970 dauerte und erst endete, als Frauen und Homosexuelle begannen, für ihre Rechte einzutreten.

Kurt R. Grossmann

Das fehlende Korpus delicti

Im Kriminalrecht, ob angelsächsisch oder römisch, genügt es im allgemeinen nicht zur Verurteilung, daß ein vermeintlicher Mörder gesteht, er habe Herrn X. oder Frau Y. meuchlings umgebracht, wenn das Korpus delikti nicht produziert werden kann. Es ist natürlich etwas anderes, wenn Zeugen vorhanden sind, die die Mordtat gesehen haben. Aber wer ladet schon ein, wenn er jemanden ermorden will? Staatsanwaltschaft und Polizei mit einem noch so dicken Bündel von Indizienbeweisen gegen einen Verdächtigen suchen manchmal verzweifelt nach der Leiche, dem wichtigsten Korpus delikti, bevor sie den „Täter" dem Gericht ausliefern. Die Kriminalliteratur ist voll von erregenden Geschichten des missenden oder vermißten Korpus delikti.

Als in den Jahren 1942 und 1943 die Judenverfolgungen in Berlin immer stärker um sich griffen, sannen die verfolgten Juden, wie sie am besten ihren Verfolgern ein Schnippchen schlagen könnten. Sie hatten zwar keine Mordtat begangen, es sei denn, als Kind jüdischer Eltern auf diese Welt gekommen zu sein, aber sie wurden gerade wegen dieses todeswürdigen Verbrechens verfolgt, und jene mit genügenden Nerven, Verstand und Freunden wehrten sich gegen das Unausbleib-liche, weil ohnehin das Risiko kein zu großes war. Gelang es ihnen, die Gestapoleute zu täuschen, so mochte das Leben bedeuten; mißlang es, so war es der Tod, der ohnehin den Verfolgten gewiß war. Man könnte das den realistischen Fatalismus jener dunklen Zeit nennen.

So müssen wohl Gertrud Sandmann und ihre jüngere Freundin, Hedwig Koslowski, argumentiert haben, als sie gegen die Gestapo konspirierten. Was war die Konspiration? Gertrud Sandmann „hinterließ einen Selbstmordbrief", in dem sie von der Welt, von Deutschland, wie sie es kannte und liebte, und von ihren Freunden Abschied nahm. Sie würde ins Wasser gehen. „Lebt wohl — es mußte sein."

Die lebendige Gertrud verschwand inzwischen bei einer Freundin, einer Frau Grossmann, zu der Hedwig Koslowski ihr das Essen brachte. Sie brachte sogar einen Zahnarzt, der nachts jüdische Patienten behandelte, als die „tote Gertrud" furchtbare Zahnschmerzen bekam.

Die Gestapo indessen fahndete nach Gertrud Sandmann und drang eines Tages in deren Wohnung ein. Sie fanden den Abschiedbrief und mißtrauten ihm, wie es die Pflicht der Polizei ist. Wo ist die Leiche der Selbstmörderin, wo ist das Korpus delikti? Wer waren ihre Freunde? Der Portier wich den Fragen aus. Er ahnte die Zusammenhänge. Endlich nannte er einige Namen von Besuchern, darunter auch Frau Hedwig Koslowski, Kunstgewerblerin. Sie, die in die Konspiration verstrickt war wie keine andere, mußte tief erschüttert tun, daß Gertrud, die Freundin, Selbstmord verübt hatte, und sie mußte der Gestapo vormachen, nichts von dem Selbstmord zu wissen. Fragte sie eine andere Freundin damals: „Wie finden Sie die innere Kraft und die eiserne Haltung, um bei der Gestapo ruhig zu bleiben und das Richtige zu sagen?" Antwortete Frau Koslowski nach einigem Nachdenken: „Wenn man von der Richtigkeit des Handelns tiefinnerlich überzeugt ist, dann wird die Angst geringer, und alles ist leichter zu ertragen."

Die Verhöre von Frau Koslowski dauerten an, und sie drehten sich immer um das fehlende Korpus delikti. Wo ist Fräulein Sandmann? Wo ist ihre Leiche? Das aber durften die Verfolger nicht wissen, und sie erfuhren es auch nie: Das Heldentum des Schweigens zur rechten Zeit und die richtige Antwort retteten das Leben eines jüdischen Menschen.

Nachdem der Gestaposturm — Vernehmungen, Haussuchungen — abebbte, zog Gertrud Sandmann zu Hedwig Koslowski, und beide erlebten den Sonnenstrahl der Freiheit. „Sie ist demokratisch im menschlichen Sinne, und sie verabscheute das Hitler-Regime und fühlte, sie müsse etwas Greifbares tun, ja, etwas riskieren, um ihre tiefe Abscheu zu beweisen", sagte mir Jahre später eine Freundin von Hedwig Koslowski — eine der vielen unbesungenen Helden jener grausamen Zeit.

aus: Kurt R. Grossmann, Die unbesungenen Helden. Menschen in Deutschlands dunklen Tagen. Berlin 1957, S. 61 - 63

»... und da machte ich mich aus dem Staube...«

Interview mit Käthe Kuse

In meiner Kindheit war ich ein Mensch, der sehr großen Bewegungsdrang hatte; ich habe getobt; ich bin nie gelaufen, immer gesprungen. So habe ich auch am liebsten Spiele draußen mit Jungen gehabt: Schlagball, Treibball. Ich habe keine Ballspiele gemacht wie die Mädchen, auch nicht Seilspringen und auch nicht mit Puppen gespielt. Das war mir alles zu langweilig, und das Merkwürdige war, daß die Jungs mich überall anerkannt haben. Sie haben immer mit mir gespielt. In den ersten Jahren in der Schule habe ich mich nicht für Mädchen interessiert; nur insofern, wie man eben Klassenkameradinnen hat. Aber ich war immer der Anführer, und es waren immer vier oder fünf um mich herum. Später erst, als ich mit 14 Jahren zur Handelsschule ging, hatte ich einen Liebling unter den Mitschülerinnen. Dies wurde auch von den anderen Mädchen akzeptiert, ich bin niemals deswegen von ihnen verhöhnt worden, im Gegenteil: Ich war »Hahn im Korbe«, und jede riß sich darum, auch mal meine Gunst zu erhalten. Für dieses Mädchen trug ich dann immer die Aktentasche. Ich war 14 Jahre, da hat sich eines dieser Mädchen mit mir im Park — Kleist-Park — abends getroffen.

Hier in Berlin?

Ja, hier in Berlin. Ich habe das Mädchen geküßt, habe ihre Brust berührt. Sie hat sich das gern gefallen lassen. Eins der Mädchen hatte mit einem Jungen angebändelt, aber dann ging sie doch lieber mit mir.

Während der Handelsschulzeit schwärmte ich für eine Lehrerin, unsere Klassenlehrerin war deren Freundin.

Waren die beiden lesbisch?

Ja, aber das habe ich damals nicht gewußt, habe mir darüber auch keine Gedanken gemacht und wußte auch damals nicht, was »lesbisch« oder Homosexualität ist. Von Kindheit an war ich überzeugt, daß ich selbstverständlich eine »FRAU« heiraten würde. Woher diese Selbstverständlichkeit kam, weiß ich nicht, kann ich auch jetzt nicht erklären.

Hast du das auch anderen Leuten erzählt?

Nein! Wir haben als Schulkinder gespielt, ich hatte immer fünf bis sechs Schulfreundinnen um mich. Sie wollten meist 'Vater und Mutter' spielen. Das gefiel mir nicht. Na, und dann haben sie mir zugestanden, der 'Vater' zu sein. Aber das wollte ich nicht — aber der 'Mann'. Dann nannte ich mich 'Fritz Förster' und druckte mir Visitenkarten mit diesem Namen. Aber dies blieb immer unter uns Mädchen, das haben wir weder den anderen noch den Erwachsenen erzählt. Das war für uns ganz selbstverständlich. Meine Mutter erlaubte, daß ich meine Freundinnen mit nach Haus zum Spielen brachte, bei einer anderen Freundin war es ebenso. Dann waren wir allein im Zimmer und spielten, ich war 'Fritz Förster'. Ach, jetzt weiß ich auch, wie ich auf diesen Namen kam:

Mit ca. zwölf Jahren habe ich für ein 14jähriges Mädchen geschwärmt, sie hieß Grete 'Förster', hatte lange blonde Zöpfe. Wenn die Schule beendet war, bin ich immer hinter meinem Schwarm hergegangen (ohne sie jemals angesprochen zu haben). Meine Freundinnen wußten, woher der Name kam und akzeptierten das. Niemand hat mich deswegen gefoppt.

In der Handelsschule (mit 14 Jahren), wie ich für eine Lehrerin schwärmte, war ich schüchtern. Da hat dann eine andere Schülerin, die mutiger war, ausgekundschaftet, wo die Lehrerin wohnt, um sie zu besuchen. Ich wollte nicht mitgehen, aber die andere Schülerin redete so lange auf mich ein, bis ich mitging. Ein Mädchen überreichte einen Blumenstrauß von uns, sprach mit der Lehrerin. Ich... vor Verlegenheit, nahm den Mülleimer, der an der Türklinke hing, und trug ihn hinunter... (Lachen).

Und dann bin ich aber nicht wieder hinaufgegangen. Unsere Klassenlehrerin (Handelsschule) wollte veranlassen, daß ich eine Freistelle in der Handels-Hochschule bekam. Mein Vater hat dieses abgelehnt, wie schon seinerzeit in der Volksschule, als ich mit zehn Jahren für eine Freistelle für die Mittelschule vorgeschlagen wurde.

In der Handelsschule betrachteten die Mitschülerinnen mich (und auch ein anderes Mädchen, mit der ich immer Ringkämpfe vollführte, die stets 'unentschieden' endeten) als ihren Jungen.

War das eine Mädchenklasse?

Ja, wir waren 17 Mädchen im Alter von 14 bis 16 Jahren und besuchten die Schule eineinhalb Jahre. Für mich war das die schönste Schulzeit. Vorher waren wir in der Volksschulklasse ca. 45 Mädchen. Diese Schule nannte ich schon damals meine 'Spielschule', da mich ihr Pensum in keiner Weise forderte. Aber in der Handelsschule waren hervorragende Lehrkräfte, die wirklich

Kitty Kruse 1918 (Konfirmation)

verstanden, mit jungen Menschen umzugehen, sie wie Erwachsene zu behandeln und an ihre 'Einsicht' zu appellieren. Bereits nach drei Monaten bin ich beinahe von der Schule geflogen, weil ich durch mein Verhalten (Vorsagen) ständig den Unterricht störte. Nachdem man mir mein störendes Verhalten in vernünftigen Worten klargemacht hatte, sah ich dies sofort ein und schämte mich sehr. So durfte ich in der Schule bleiben und änderte mich.

Die Volksschule besaß einen „Jugendbund für Mädchen" ab 14 Jahren, dem ich mit 14 Jahren beitrat. Ein Lehrer hatte ihn gegründet. Dort lernte ich viele Mädchen im Alter von 14 bis 20 Jahren kennen. Da verliebte ich mich, als ich 16 Jahre alt war, in eine 20jährige. Für meine Begriffe war sie chic und elegant, ich war fasziniert. Der Lehrer war ganz verrückt nach ihr und sagte z. B.: „Ah, sie hat einen Gang an sich...!" Ich fand das auch, obwohl ich das nicht erklären konnte. Also ich war mutig, sprach sie an, entriß ihr sofort beim Nachhausegehen die Aktentasche (die trug früher fast jeder) und begleitete diese junge Frau nach Haus. Vor ihrer Haustür haben wir uns bis in die Nacht hinein unterhalten. So haben wir uns angefreundet. Wir sind jeden Sonnabend/Sonntag mit der Mädchengruppe auf Fahrt gegangen, haben im Heu geschlafen oder auch in der Jugendherberge übernachtet. Da habe ich sie dann umarmt, geküßt, ich hatte ein unbändig heftiges Gefühl für sie, wußte aber noch nicht, was ich eigentlich tun sollte oder könnte... Aber auf einmal weiß man es doch, aber man weiß nicht, woher man es weiß. Und sie hat meine Zärtlichkeiten erwidert und meine ungestüme Art mit feiner Einfühlung etwas gemildert.

Im Urlaub haben wir — mit Erfolg — versucht, außerhalb der Gruppe einige Tage für uns zu sein, meist auch zu den Feiertagen. Dann haben wir immer zusammen geschlafen.

Als ich 18 Jahre alt war (wir kannten uns seit meinem 16. Lebensjahr), sagte meine Freundin zu mir: „Weißt du eigentlich, daß du 'homosexuell' bist?" Dies war erst einmal ein Schock für mich. — Ich erwähnte, daß ich mich bereits mit ca. 17 Jahren in Volkshochschulkursen u. a. über psychologische Fragen informiert hatte. Da wurde auch über Homosexualität und zwar sehr liberal gesprochen. Der Vortragende sagte z. B.: „Es gibt eben auch derartige Menschen", ohne eine abfällige Bemerkung darüber zu machen. Da war mir eigentlich schon etwas komisch zumute, aber ich wollte darüber nicht nachdenken. — Nachdem meine Freundin die Frage nach meiner Homosexualiät an mich richtete, mußte ich erst einmal allein sein. Ich ging nach Haus und holte sie nicht, wie üblich, aus dem Büro ab. Zuerst war ich — wie soll ich es nennen — erschüttert, konnte überhaupt nicht begreifen. Ich mußte allein sein und alles genau überdenken. Nach einigen Tagen — ich weiß nicht mehr, wie lange es dauerte — hatte ich das sichere Gefühl (ich wollte unbedingt ehrlich auch mit mir sein): „Jawohl, ich bin homosexuell, und das macht mir überhaupt nichts aus!"

Jedenfalls habe ich mich dann wieder mit meiner Freundin getroffen und ihr gesagt: „Ja, es ist so. Ich bin homosexuell und ich liebe Dich. Und — liebst Du mich auch?" „Ja", antwortete sie, „natürlich liebe ich Dich". Dann meinte sie noch: „Weißt Du, diese Menschen haben es sehr schwer im Leben..." Auch das konnte mich nicht wankend machen.

Meine Freundin hatte bereits, bevor sie mich kennenlernte, seit zwei Jahren ein Verhältnis mit einem verheirateten Mann, von dem sie sich meinetwegen lösen wollte. Aber dieser Mann versuchte, sie zu erpressen. Sie erreichte es dann doch, sich von ihm zu trennen. Ich wußte damals nicht, *wer* dieser Mann war, wollte es auch gar nicht wissen (Vogel-Strauß-Politik!). Sie beteuerte mir, daß zwischen diesem Mann und ihr keine Verbindung mehr bestünde, denn sie liebe doch mich! Damals schrieb ich Gedichte für sie. Wir waren fast täglich zusammen, unsere Freundschaft dauerte von meinem 16. bis 23. Lebensjahr (1920 - 27).

Seid ihr da auch intim geworden?

Ja, von Anfang an. Es hat sich so ergeben, daß wir zusammen geschlafen haben. Ich habe mich gewundert, ob ich überhaupt wüßte, wie das alles sein würde oder könnte, aber meine Freundin wußte es, sie war sehr zart und lieb. Unsere Beziehung haben wir uns ganz offen eingestanden, auch daß wir uns liebten. Die anderen der Gruppe haben das als Tatsache hingenommen.

Haben sie gewußt, daß es eine lesbische Liebe ist?

Ja, ich glaube, das müssen sie gewußt haben. Wir haben uns zwar nie vor ihnen geküßt oder umarmt. Aber das lag ja auch an meiner eigenen Zurückhaltung. Das hätte ich auch gar nicht getan, wäre ich mit einem Jungen zusammen gewesen...

Eine alte, verheiratete Schulfreundin hat mir zu meinem 70. Geburtstag gesagt: „Weißt Du eigentlich, daß ich Dich geliebt habe?" „Nö", sagte ich verlegen. Sie wollte mich damals manchmal umarmen oder fragte zum Beispiel: „Kann ich nicht Deinen Pullover anziehen?" „Nein", protestierte ich, „niemand darf meine Sachen anziehen, das wäre das letzte! Und wenn jemand erfrieren würde..." So war ich damals.

In der Gruppe habe ich einiges lernen müssen. Manchmal war ich sehr eigensinnig, aber das hat mir meine Freundin in Ruhe und Güte abgewöhnt.

Als ich 23 Jahre alt war, ging ich eine Straße entlang. Wer begegnete mir?! Meine Freundin untergehakt mit meinem Chef! *Das* also war ihr Freund, was ich bisher nicht wußte. Ich hatte jedes Gespräch über diesen Mann abgelehnt, es war mir peinlich und unangenehm. Ich wollte nichts wissen! Es war ein Schock für mich! (Heute würde ich mich sicher anders verhalten.)

Von diesem Tag an holte ich meine Freundin nicht mehr vom Büro ab, was ich sonst täglich getan hatte. Aber sie holte mich nun ab und redete auf mich ein und versuchte zu erklären, daß das ganze Zusammentreffen mit dem Mann gar nichts zu bedeuten habe. Wie sie das erklärte, weiß ich nicht, denn ich hörte absichtlich nicht hin, fühlte mich innerlich wie ausgehöhlt. Wir sind fast drei Wochen von Neukölln nach Zehlendorf bis in die Nacht hinein hin und her gelaufen, sie redend, ich verschlossen und schweigend. Zum Schluß sagte sie: „Ich gebe Dir noch eine Woche Zeit, wieder mit mir zusammen zu sein, denn ich liebe nur Dich. Wenn Du mich dann immer noch ablehnst, werde ich in kurzer Zeit heiraten." Aber da war von mir aus nichts mehr zu machen, ich hatte einen zu großen Schock bekommen.

Sie heiratete dann einen sehr jungen Mann. — Ich blieb vorerst allein.

Mit der Gruppe bin ich weiterhin auf Fahrt gegangen. Da war eine Frau, ein Jahr jünger als ich, N. Sie hatte vor zwei Jahren einen älteren Mann (35 Jahre), der auch zur Gruppe gehörte, geheiratet. Darüber freuten sich alle Gruppenmitglieder. (Ihr Mann war der Leiter der „Märkischen Singschar". Später, nach der Scheidung der beiden, ging ich zur „Proletarischen Singschar", die unter anderem bei Veranstaltungen der Arbeiterbewegung, Einweihung von Jugendheimen, Veranstaltungen des Blindenvereins, Schullandheimen usw. sang und spielte.)

Wenn N.'s Mann Schichtdienst hatte, ging sie mit den anderen auf Fahrt, und wir waren dann meist zusammen. (Früher blieb sie zu Haus, wenn ihr Mann am Wochenende nicht frei hatte.) Wir haben uns angefreundet, und sie erzählte von sich und von ihrer angeblich glücklichen Ehe, deren Versagen ich gespürt hatte, aber natürlich nicht den Grund wissen konnte.

Kitty Kruse 1930

Als wir wieder einmal in der Jugendherberge übernachteten, kam N. zu mir ins Bett und klagte mir ihr Leid: ihr Mann würde immer 'Dinge von ihr verlangen', die sie nicht begreifen könne und nicht mochte... Trotzdem hatte er sie dazu gezwungen und jedesmal danach ein Geschenk gebracht. Dies hatte sie so empört, daß sie ihm sagte: „...ich komme mir vor wie eine Prostituierte!" Sie war sehr traurig und weinte. Ich versuchte, sie zu trösten und ihr das Verhalten ihres Mannes und das ihre 'psychologisch' zu erklären. Habe dann auch mit ihrem Mann gesprochen und ihm geraten, daß er und seine Frau zum Arzt (der der Jugendbewegung nahestand) gehen. Er befolgte den Rat des Arztes nicht, sich vorerst seiner jungen Frau gegenüber zurückzuhalten. Wir sprachen alle drei — aber ohne Erfolg — über die Ehesituation. Aber die Ehe wurde immer problematischer. Ich zog mich zurück. Als wir wieder mal auf Fahrt waren, kam N. zu mir ins Bett. Da hat sich dann ergeben, daß wir zusammen geschlafen haben. Sie sagte, sie sei jetzt erst glücklich, ein so schönes Empfinden hätte sie bisher nicht gehabt. Ich meinte, das sei doch eigentlich das natürliche.

N. hat davon sofort ihrem Mann berichtet und offen gesagt, was zwischen uns geschehen war, und sie wollte sich von ihm trennen. Es gab heftige Aussprachen zwischen ihnen, und als er sie dann mit der Pistole bedrohte, kam sie vor Angst zu mir. Das wollte ich nicht, sie sollte sich erst einmal über ihre Gefühle klar werden. So besorgte ich ihr ein Zimmer. — Sie hat dann die Scheidung eingereicht, gegen die sich ihr Mann anfangs sträubte.

Wir freundeten uns an, liebten uns, und sie zog zu uns (1927). Ich hatte N. über den Berufsverband eine Anstellung als kaufmännische Angestellte besorgt. Diese Firma verlegte 1930 ihren Sitz nach Bitterfeld, wo sie eine kleine Wohnung bekam.

Ich wurde 1931 arbeitslos. Meine Mutter starb 1930, mein Vater kündigte die Wohnung, in der mein Bruder und ich mit meiner Mutter wohnten. 1931 wurde mein Bruder ebenfalls arbeitslos. Wir kamen beide bei Schulfreunden unter, bis mein Bruder — zum Zwecke der Neumietung einer Wohnung — heiratete.

N. wollte, daß ich unbedingt nach Bitterfeld käme. Anfangs sträubte ich mich, bin aber dann doch ebenfalls dorthin gezogen. Vor meinem Umzug nach Bitterfeld war ich noch in Berlin (1930/31). Ich hörte vom Magnus-Hirschfeld-Institut (Institut für Sexualwissenschaft) und faßte den Mut, hinzugehen. Dort waren Psychologen, Ärzte, Juristen, von denen sich jeder beraten lassen konnte. Außerdem besaß dieses Institut statistische und wissenschaftliche Arbeiten. Es wurden dort auch Vorträge über Homosexualität gehalten. Wer zur Beratung kam, wurde gefragt, ob er bereit sei, einen Fragebogen auszufüllen. Ohne jeden Zwang, sondern freiwillig. Der Bogen enthielt ca. 150 Fragen, zum Beispiel: wie sieht man sich selbst, wie empfindet man sein Äußeres, wie sieht man seine Charaktereigenschaften, findet man sich schön oder häßlich, glaubt man, Mängel zu haben, ist man schüchtern, draufgängerisch usw., welche Vorlieben hat man. Oder: Wie wünscht man sich einen Partner (Partnerin), wie sollte das Wesen und sexuelle Verhalten sein (Aussehen...), wie sieht man sich selbst in sexueller Beziehung? Oder: Welche Gerüche sind einem angenehm oder unangenehm, welche Geräusche empfindet man als angenehm oder unangenehm etc.

Dann wurde man gefragt, ob man als Homosexuelle die Absicht habe oder es wünsche, 'normal' (also heterosexuell) zu werden und eventuell psychologisch beeinflußt zu werden, um der Norm zu entsprechen. Ich schrieb auf den Fragebogen, daß ich nicht wünsche, 'behandelt' zu werden. Für mich ist Homosexualität die richtige Form meines Verhaltens und meiner Sexualität. Ich wünsche nicht, mich zu ändern.

Bei den Vorträgen im Institut erfuhr ich, daß man seinen Vornamen ändern könne. So kam mir die Idee, daß ich meinen Vornamen in einen Jungsnamen ändern möchte und die Erlaubnis erwirken wollte, Männerkleidung zu tragen. (Dies, um endlich mit meiner Freundin in ein Tanzlokal, zum Ball und dergleichen ohne Aufhebens gehen zu können. Ich kannte damals keine Lokale für Homosexuelle.)

Ich war bei dem vom Institut genannten Arzt und bei Juristen, die mir die 'Möglichkeit' bescheinigten. (Meine Freundin wußte nichts von meinem Vorhaben.) Es war schon in der Nazi-Zeit, und da wurde ich deshalb noch zu anderen Ärzten bestellt (in die Albrechtstraße). Es wurde nur meine äußere Gestalt untersucht, und ein Arzt äußerte sich empört, er fände mein Ansinnen unglaublich, ich müßte eigentlich ins KZ! Er verließ den Raum, und zwei Ärztinnen, die sehr nett waren, habe ich es zu verdanken, daß ich mich schnellstens aus dem Staube machen konnte (wie sie mir rieten). Ich war damals so naiv und gutgläubig, daß ich keine Vorstellung von einem KZ hatte und auch einen Grund dafür nicht einsah. Das ganze spielte sich in der Albrechtstraße ab. Dort hatte die SS Gefangene (politische) in den Kellern zusammengeschlagen, was ich später erst erfuhr. Da mich meine Freundin N. ständig zu überreden versuchte, nach Bitterfeld zu kommen, gab ich endlich nach. Vor allem deshalb: Ich war schon ein Jahr arbeitslos, und es bestand die Möglichkeit, dort Arbeit zu finden. (Daß ich dann keine Arbeit bekam und von den Nazis auf die 'Schwarze Liste' gesetzt wurde, weil ich mit der Gewerkschaftsjugend (Z.d.A.) arbeitete, konnte ich nicht voraussehen.)

Meine Freundin und ich sind jedes Wochenende (bereits freitags) nach Berlin zu unseren Freunden aus der Jugendbewegung gefahren. Sie wohnten zu vieren (ein Ehepaar und ein unverheiratetes Paar) in einer Drei-Zimmer-Wohnung und haben sich schon damals (1930) die gesamte Hauswirtschaft (ob Abwaschen, Kochen, Wäschewaschen etc.) geteilt, damit die Frauen die gleiche Freizeit wie die Männer hatten und sie gemeinsam verbringen konnten.

So wie eine Wohngemeinschaft?

Eine richtige Wohngemeinschaft war das. Verschiedene der jungen Paare träumten davon, nur fehlte es damals an Wohnraum.

Bei diesen Freunden feierten wir viele Feste. Silvester 1932/33 ist mir in trauriger Erinnerung. Unter den Gästen war auch ein Verfolgter, der kurz vor seiner 'Ausreise' stand (und dessen Frau sich von ihm getrennt hatte). Von seinem Chef erhielt er die Möglichkeit, als Monteur (er war Diplom-Ingenieur und Erfinder) mit einer zu liefernden Maschine ins Ausland zu gehen (was er auch tat). Auf der Sylvesterfeier, in Abschiedsstimmung, gelang es ihm, mit meiner Freundin zu schlafen. Noch an diesem Abend erzählte sie mir das, sie war furchtbar traurig, daß sie mir dies angetan hätte, sie liebe aber mich... Ich war verzweifelt und sagte: „Tja, was soll ich da machen. Für mich ist unser Verhältnis beendet." Ich konnte einfach nicht mehr mit ihr zusammen sein. Jedes Wochenende schickte ich sie von Bitterfeld nach Berlin zu diesem Mann (er war noch einige Monate in Berlin). Ich blieb zu Haus in Bitterfeld und ließ unsere Freunde dort glauben, auch ich sei in Berlin. Habe mich eingeschlossen, gegrübelt und war sehr traurig. N. versuchte, mich zurückzugewinnen, aber ich zog aus und brach den Umgang mit ihr ab, verlebte auch keinen Urlaub mehr mit ihr. Daraufhin fuhr sie zu 'ihm' und besuchte ihn im Ausland, 1936/36 blieb sie anläßlich eines Urlaubs dort. Ich erledigte ihren Umzug (Möbel, meine Bücher, meine Schallplatte etc.) nachträglich ins Ausland.

Dann war ich also wieder allein.

Ich bekam dann bei Jungkers in Dessau (bis nach Anhalt reichte die 'Scharze Liste' nicht) eine Anstellung (1933/35). Aus meiner politischen Einstellung heraus gab ich diese gut bezahlte und wenn auch interessante Tätigkeit auf. Ging 1935 nach Berlin zu einer privaten Abendschule (nebenher arbeitete ich acht Stunden als kaufmännische Angestellte), um mich als Volksschüler aufs Abitur vorzubereiten, denn ich dachte, am besten ist es, beschäftigt zu sein, um mit meinem Alleinsein fertig zu werden.

1939 brach der Krieg aus. Da ich zuletzt bei meinem Vater im Betrieb gearbeitet hatte, zwang er mich, die Abendschule aufzugeben... (Dies ist wieder eine andere Geschichte, die nicht hierher gehört.)

Während des Krieges habe ich nur so ein bißchen rumgeflirtet, niemals eine engere Beziehung gehabt.

Erst 1946, als der Krieg beendet war, lernte ich an der Uni eine Frau kennen, wir hatten verschiedene Vorlesungen gemeinsam belegt. Sie ist einfach in meine Wohnung gekommen und nicht wieder gegangen, hat mein Geld verbraucht. Ich hatte nicht die Kraft und Zeit, sie hinauszuwerfen. Leider schliefen wir auch zusammen. Ich war mit Beruf und Uni (außerdem unterernährt und krank) so ausgefüllt, daß mir alles — das heißt: die Uni nicht — ganz egal war.

Stimmt es, daß Du nach dem Krieg umgeschult hast und bist nochmal auf die Uni gegangen?

Ja, 1946, als die Alliierten zum Studium an der Friedrich-Wilhelm-Universität (später Humboldt-Universität genannt) aufriefen.

Das war in der DDR dann?

Ja, in der DDR. Denn damals gab es nur *eine* Universität, nur *ein* Berlin.

Alle vier Alliierten haben zum Studium aufgerufen. Bedingung war ein Abitur an der Uni (das ich durchführte und bestand, ich hatte mich auf der privaten Abendschule nur bis zur Oberprima vorbereitet). Vor allem mußten die aus dem Krieg kommenden Männer, die bei Hitler das 'Not-Abi' bekommen hatten (wofür sie in den Krieg ziehen durften), das Abi nochmals mit uns gemeinsam ablegen. Nach bestandenem Abitur war man automatisch immatrikuliert, aber nur für den Zweig 'Wirtschaft'. Ich studierte sieben Semester Volkswirtschaft (hörte nebenher Psychologie, Psychiatrie, mal Kunstgeschichte) und arbeitete ca. acht Stunden täglich als Organisator für besondere Aufgaben in der Wirtschaftskommission (später Regierung). Ich erhielt die verschiedenartigsten Aufgaben, hatte aber die Möglichkeit, die Uni zu besuchen. Das ging so vor sich: zum Beispiel zwei Stunden Uni, zwei Stunden Arbeit, vier Stunden Uni und in anderer Kombination. Ich begann um neun Uhr und arbeitete regelmäßig bis nachts ein oder zwei Uhr. Da hatte ich kaum Zeit für ein Privatleben! Auch mußte ich ständig zwischen Arbeitsstelle (Leipziger Straße) und Uni (Spandauer Straße) hin und her fahren.

Während des Studiums habe ich nicht nur eine ca. achtstündige Arbeitszeit gehabt, sondern meine Aufgaben erforderten intensive Untersuchungen und Ausarbeitung von Vorschlägen aufgrund von Fehlleistungen und Mängeln anderer Organisationsgebilde, auch Mitarbeit am Patentrecht (wenn auch im bescheidenen Rahmen) der DDR. Während andere Studenten in der Bibliothek (Leipziger Straße) hinter Regalen versteckt lasen und für die Uni arbeiteten — ihre 'Aufgabe' war, Buchrücken zu kleben. Mein Diplom als 'Wirtschaftswissenschaftler' bestand ich November 1950. Ein Dozent der Uni (Industrieplanung) wollte mich in sein neu zu gründendes Ministerium für Außenhandel einstellen. Dies scheiterte am Einspruch der 'FDJler'. (Auch dies wäre wieder eine gesonderte Geschichte.)

Ich wurde schriftlich zum 'Patentamt abkommandiert'. Mein Sträuben mit der Begründung, da fehle mir die Kenntnis, vor allem der Jurisprudenz, wurde nicht zur Kenntnis genommen. Aus privaten und Krankheitsgründen mußte ich mich fügen. War später Leiter der Wirtschaftsabteilung beim Patentamt der DDR. — (Geflüchtet 1955 — wieder eine gesonderte Situation.)

1952 war ich körperlich äußerst erschöpft, bekam heftige Migräne. Vom Regierungskrankenhaus wurde ich, nachdem aufgrund von Röntgenaufnahmen angeblich festgestellt wurde, daß ich einen Tumor im Gehirn hätte, in das Krankenhaus in Weißensee geschickt. Der dortige Nervenarzt und Hirn-Operateur erklärte die Fehldiagnose (Tumor) mit der Verwendung eines falschen Rasters beim Röntgen. Hatte ich Glück! Der Arzt fand meinen körperlichen Zustand schlecht und empfahl mir, mich einige Wochen durch Essen und frische Luft dort zu erholen.

In diesem Krankenhaus lernte ich meine spätere Freundin R. kennen, die beabsichtigte, sich scheiden zu lassen. Die Schwierigkeit war, daß sie zwei Kinder (Mädchen von vier und zehn Jahren) hatte, die sie dem Mann nicht überlassen wollte. Wir freundeten uns an, sie schilderte mir die mißlichen Dinge ihrer Ehe, die sie nervenkrank gemacht hatten. Durch die Ausbombung wohnte sie mit ihrer vierköpfigen Familie und Schwester mit Mann in einem Zimmer.

Die jüngste Tochter schickte sie zu einem Großonkel nach Sachsen, die ältere war sich selbst überlassen. Da habe ich ihr angeboten, wenn sie nach der Scheidung nicht wüßte, wohin mit sich und den Kindern, stelle ich meine Wohnung (einundeinhalb Zimmer) zur Verfügung. Sie ließ sich scheiden, verzichtete (ebenso wie N.) auf Unterhaltszahlung, wollte auch für die Kinder kein Geld. Aber das ließ das Jugendamt nicht zu.

Ich habe sie danach aufgenommen, denn die Verwandtschaft, die ihren Mann bisher abgelehnt hatte, war nicht hilfreich. Sie wußte nicht, wie sich alles mit den Kindern gestalten sollte. Als sie mir ihre Not schilderte, war ich sofort bereit, ihr zu helfen, ich sagte: „Selbstverständlich gehören die Kinder zur Mutter."

Unsere Freundschaft wurde eine Liebe, mithin gehörten auch die Kinder zu ihr und mir. Wir suchten eine größere Wohnung. 18 Jahre war ich mit R. zusammen, bewohnten mehrere Wohnungen erst in Neukölln, Schöneberg, Tempelhof. Die Mädchen hatten je für sich ein Zimmer (Vier-Zimmer-Wohnung). Die ältere zog mit ca. 18 Jahren, wie das so üblich ist, aus, um selbständig zu sein. Später tat dies auch die jüngere. Was wir auch verstanden haben.

1970, nachdem wir schon 18 Jahre zusammenlebten, eröffnete mir R. plötzlich, daß sie mich nicht mehr liebe, sie hätte eine andere Frau kennengelernt. Ich weiß nicht, ob ich sagen soll, was ich empfand. Ich wollte keine Debatte darüber. Ich sagte äußerlich sehr ruhig: „So wie es meist unerklärlich ist, daß man für einen Menschen Gefühle oder Zuneigung hat, ebenso unerklärlich mag es wohl sein zu erklären, warum Gefühle absterben..." Wenn mich eine Frau nicht mehr liebt, frage ich als erwachsener Mensch nicht mehr wieso und warum. Als meine Freundin N. damals ins Ausland ging (ich war weit jünger, ca. 30 Jahre), fragte ich mich verzweifelt: wieso, warum?! Und N. war sehr lieb und heulte mehr als ich. N. hatte mir damals auch den Vorwurf gemacht, ich hätte sie weggeschickt. Stimmt! (Darum hat mich auch das Buch von der Radclyffe Hall so beeindruckt, weil ich da an mein eigenes Verhalten dachte.)

Das Ende von R.'s Liebe hat mir einen Schock versetzt. Niemand hatte ich, mit dem ich darüber sprechen konnte. Mein großer

Freundeskreis besteht nur aus heterosexuellen Ehepaaren, die mich zwar in jeder Beziehung (einschließlich meiner Freundin) anerkannten, aber mit meinem Schmerz wollte ich sie nicht belästigen. Sicher hätte ich geheult, das wollte ich nicht, noch dazu als erwachsener Mensch. — Bis ich es nach ca. einem Jahr meinen Freunden gesagt oder geschrieben hatte. Wegen meines Schweigens hatten sie schon etwas derartiges vermutet. Alle waren taktvoll, niemand fragte mich. Ich war sehr traurig, bemühte mich aber im Zusammentreffen mit anderen, an Dingen und Berichten von *ihnen* teilzunehmen. Seinerzeit reiste ich viel. Dann war ich gezwungen, mich zusammenzunehmen.

Nach zwei Jahren (bei der Hochzeit von R.'s jüngster Tochter, wo ich auch eingeladen war) begrüßte mich R. stürmisch und herzlich und sagte, sie hätte gleich nach einem Vierteljahr eingesehen, wie falsch sie gegen mich gehandelt hätte. Aber... als sie versucht hätte, mit mir brieflich und telefonisch Kontakt aufzunehmen, hätte ich mich derart abweisend verhalten, daß sie weitere Annäherungen nicht wagte.

Wir sehen uns ab und zu in ihrer Familie. — Eine Beziehung, die beendet wurde, kann ich nicht wieder von neuem beginnen.

1970 habe ich G. S. (eine gute Freundin) aufgesucht und ihr mein Mißgeschick mit R. erzählt. Sie hat mich getröstet und gestärkt und den Vorschlag gemacht — um mich auch von meinem Kummer abzulenken —, eine Gruppe berufstätiger, älterer homosexueller Frauen zu gründen.

So kam es, daß ich durch Zufall von der HAW (später LAZ) in der Dennewitzstraße erfuhr. Die Aufnahme dort bei den sehr jungen Frauen war enttäuschend. Nun bin ich aber so, wenn ich mal was begonnen habe, dann gebe ich — trotz Widerwärtigkeiten — so leicht nicht auf... (Lachen).

Die Frauen haben mich in ihrer mißverstandenen Psychologie fürchterlich taktlos behandelt. Sie meinten unter anderem: Ich solle doch zugeben, daß meine Homosexualität entweder auf einer starken Mutter- oder Vaterbindung beruhe... Da habe ich nur gelacht: „Nein, so ist es bestimmt nicht gewesen". Eine weitere Unterhaltung führte zu nichts. Eine andere 'ältere' Frau verließ mit mir den Raum. Auf der Treppe ließ sie ihrer Empörung freien Lauf: „Das ist ja eine Bande!!!" „Nein", sagte ich, „so ist das nicht, es sind doch ganz junge unerfahrene Mädchen, die eben unsere Erfahrung noch nicht haben können."

Kitty Kruse 1981

Ich habe mich dann nicht mehr zur Dennewitzstraße getraut. Erst als die HAW zur Kulmer Straße umzog, bin ich wieder zum Offenen Abend gegangen. Da habe ich Dich, Ilse, kennengelernt und Monne, die mich gleich freundlich begrüßten. Während die anderen mich nicht beachteten. Als Du erfahren hast, was für ein altes Haus ich bin, machtest Du mir den Vorschlag, gelegentlich vor der Gruppe über die 20er Jahre zu sprechen. Ich tat es.

Das war doch damals auch ein schöner Erfolg!

Ja, das war gut. Die Frauen haben mich ständig unterbrochen durch immer neue und tiefergreifende Fragen, sie waren sehr interessiert. Manchmal kamen ziemlich direkte und heikle Fragen. Aber auch diese beantwortete ich, weil ich mir sagte: hier bin ich in einem Kreis von Frauen, die so sind wie ich, und wenn nicht ich als ältere Frau diesen Mut aufbringe, zu sprechen (zumal ich nicht mehr im Beruf stehe, also für meine Person keine Diskriminierung zu befürchten habe), wer soll es dann tun? Auch wollte ich versuchen, ihnen zu zeigen, wenn man eine gewisse Selbstverständlichkeit und genügend Selbstbewußtsein entwickelt, daß man dann weniger Anfeindungen der Gesellschaft ausgesetzt ist.

Im Oktober 1974 gaben mir die Frauen der HAW (später LAZ) Adressen von zwölf berufstätigen älteren Frauen. Für diesen Vertrauensbeweis war und bin ich sehr dankbar. Später wurde mir ein Raum in der AHA-Männergruppe (Charlottenburg), die eine Drei-Zimmer-Wohnung gemietet hatte, (anfangs unentgeltlich) für die zu bildende Gruppe zur Verfügung gestellt. Auch für diese Kameradschaft bin ich dankbar. Durch die Solidarität dieser beiden Gruppen war es mir überhaupt erst möglich, selbst eine Gruppe (L'74 Berlin) aufzubauen, die bald (15.2.1975) begann, UNSERE KLEINE ZEITUNG herauszugeben.

(1975) Aus: UKZ 6/1982

Dr. Rudolf Klare, Waldheim

Zum Problem der weiblichen Homosexualität

Die amtliche Strafrechtskommission hat bisher die Bestrafung der weiblichen Homosexualität aus wohlerwogenen Gründen abgelehnt. Wir glauben dennoch, daß ein geschichtlicher Rückblick über die Behandlung der weiblichen Homosexualität in früheren Strafrechtsordnungen und eine Auseinandersetzung mit den Gegenargumenten als Anregung zur Aussprache über diese schwierige Frage dienlich sein wird, zumal, wie die Berichte aus verschiedenen Großstädten des Reiches zeigen, dieser Frage eine große praktische Bedeutung zukommt.

Die Schriftleitung

I.

Es ist eine wenig bekannte Tatsache, daß die männliche Homosexualität ein weibliches Gegenstück hat, das als lesbische Liebe, Tribadie, Sapphismus oder Libertinentum bezeichnet wird. Wenn über Homosexualität gesprochen oder geschrieben wird, dann wird fast ausschließlich nur die männliche erwähnt. Die wenigsten aber wissen, daß es eine weibliche Homosexualität gibt, die mindestens ebenso stark verbreitet ist wie die männliche, und die die gleichen Gefahren für die völkische Gemeinschaft und ihre inneren Werte in sich birgt wie die männliche.

Diese Unwissenheit hat ihren Grund einmal darin, daß die Öffentlichkeit durch die Prozesse gegen Homosexuelle nur von der Homosexualität der Männer erfährt, da nur diese in Deutschland strafbar ist, § 175 StGB. Zum anderen aber ist die mangelnde Kenntnis vom Vorhandensein einer weiblichen Homosexualität darauf zurückzuführen, daß das umfangreiche Schrifttum über Homosexualität in erster Linie dem Kampf für oder gegen § 175 StGB galt und somit wiederum nur die männliche Homosexualität behandelte. Selbst die Mediziner streifen in ihren Schriften, mangels ausreichenden Materials, die weibliche Homosexualität nur, ohne ihr Wesen näher darzulegen.

34

Ebenso wie die männliche Homosexualität ist die weibliche schon in frühesten Zeiten zu beobachten. Die Quellen sind indessen so spärlich, daß es sich nur lohnt, auf sie einzugehen, soweit sie rechtswissenschaftlich von Interesse sind. In der Gegenwart traten die weiblichen Homosexuellen mit dem Beginn der Frauenemanzipation und besonders in den Jahren der Weimarer Republik stärker in die breite Öffentlichkeit. Es ist heute eine unleugbare Tatsache, daß zwischen der Frauenbewegung und der Ausdehnung lesbischen Verkehrs ein inniger Zusammenhang besteht. Wohl wäre es falsch, die Frauenrechtlerinnen als die Bewegung der homosexuellen Frauen zu bezeichnen, doch steht es fest, daß sie die Kerntruppe dieser „Bewegung" waren. Soweit diese Frauenrechtlerinnen selbst homosexuell waren, emanzipierten sie sich, weil sie mannähnlich werden wollten, nicht nur in ihrer rechtlichen Stellung und ihrem Schaffen, sondern auch in ihrem seelischen und sexuellen Empfinden. Sie erstrebten nun, daß ihre normalen Geschlechtsgenossinnen ebenso fühlen sollten wie sie.

Betrachten wir umgekehrt den Einfluß, den die Frauenbewegung auf die Entwicklung der weiblichen Homosexualität gehabt hat, so kommen wir zu folgendem Ergebnis. Die ursprüngliche Forderung der Frauenbewegung ging auf die Erreichung der Unabhängigkeit vom Mann in jeder Beziehung. Das Wirken und der Einfluß homosexueller Führerinnen erweiterte sich zu der Parole „Los vom Mann!" Dieser Ruf fand bei Mädchen und Frauen, die im normalen Verkehr Schwierigkeiten oder trübe Erfahrungen gehabt hatten, großen Widerhall und ließ sie in das Lager der homosexuellen Frauen übergehen. Die Aussicht, sich ohne Folgen geschlechtlich befriedigen zu können, die Schlagworte der Frauenbewegung vom Rechte des Sichauslebens nach eigenem Willen und der Verantwortlichkeit allein vor sich selbst halfen den natürlichen Widerstand der betreffenden Frauen rasch überwinden. Es überrascht daher die Feststellung nicht sonderlich, daß mit dem Wachsen der Frauenbewegung ein Umsichgreifen weiblichen gleichgeschlechtlichen Verkehrs zu beobachten war.

Die bekannte Frauenrechtlerin *Anna Rüling*, die sich offen zu ihrer lesbischen Neigung bekannte, wies in einer Abhandlung, der eine im Jahre 1904 auf der Jahresversammlung des Hirschfeldschen Wissenschaftlich-Humanitären Komitees gehaltene Rede zugrunde liegt, auf den Einfluß hin, den homosexuelle Frauen auf die Gestaltung der Frauenbewegung hatten[1]. „Und in der Tat", so sagt sie, „von den ersten Anfängen der Frauenbewegung an bis zum heutigen Tage sind es zum nicht geringen Teil homogene (gemeint sind homosexuelle, d. V.) Frauen gewesen, die in den zahlreichen Kämpfen die Führerschaft üernahmen, die erst durch die Energie die von Natur gleichgültige und sich leicht unterwerfende Frau des Durchschnitts zum Bewußtsein ihrer Menschenwürde (!) und ihrer angeborenen Rechte brachten."

Äußerlich fand die Ausdehnung weiblichen homosexuellen Verkehrs Ausdruck in den vielen Organisationen und Klubs, in denen sich die Tribaden zusammenschlossen. Der bekannteste davon war der „allgemeine deutsche Freundschaftsverband" mit seinem Sitz in Berlin und seinem Organ „Garçonne". Neben verschiedenen Klubs, die jedoch eine Mitgliederzahl von 500 selten überschritten, verfügten die weibliche Homosexuellen in Berlin noch über eine eigene Bühne, die Spielschar „Monbijou". Vornehmlich wurde Stücke lesbischer Tendenz zur Aufführung gebracht, z. B. Wedekinds „Büchse der Pandora", „Hidalla", „Schloß Wetterstein", „Franziska", Bourdets Drama „Die Gefangene", Bronnens Lustspiel „Exzesse" oder Marie Madeleines „Auf Kypros"„In Seligkeit und Sünden" und „Die drei Nächte". Daneben verfügten die Organisationen der weiblichen Homosexuellen über eine umfangreiche Presse, wie z. B. die Zeitschriften „Die Bif. Blätter idealer Frauenfreund-schaften", „Ledige Frauen", „Die Freundin" u. a. und sonstiges Schrifttum. Sie strebten, ähnlich wie die männlichen Homosexuellen, danach, eine eigenständige weibliche Kultur zu schaffen. Auf dem Gebiete des Schrifttums glaubte man, in den „Werken" der lesbischen Jüdin Dolorosa, die später zum Katholizismus übertrat, hierzu einen verheißungsvollen Auftakt zu sehen. Ihre Schriften sind „Lila Gold", „Intime Geschichten", „Confirmo Te Chrismate".

Nach Kenntnis der äußeren Erscheinungsformen der weiblichen Homosexualität soll das innere Wesen der Tribadie betrachtet und sollen die Gründe aufgezeigt werden, die zur weiblichen gleichgeschlechtlichen Betätigung führen. Es sind im wesentlichen vier Entstehungsmöglichkeiten zu unterscheiden[2].

1. Es besteht Hypersexualität, die zur Selbstbefriedigung drängt, diese führt zur Neurasthenie mit deren Folgen, so zur Gefühlskälte bei natürlichem Verkehr, bei fortbestehender Libido.

2. Es handelt sich um Ehefrauen geschlechtlich unfähiger Männer, die wohl reizen, nicht aber befriedigen können. Künstliche Nachhilfe und unnatürliche Handlungen führen zu einem Ekel vor dem Akt zunächst mit dem Gatten und schließlich mit dem Manne überhaupt.

3. Prostituierte, die der geschäftsmäßige und oft perverse Verkehr mit Männern aller Schichten anwidert, suchen sich geeignete Personen des eigenen Geschlechts.

4. Die letzte Möglichkeit der Entstehung weiblicher Homosexualität ist die am häufigsten beobachtete. Es ist Hypersexualität vorhanden, die durch Verkehr mit dem anderen Geschlecht nicht befriedigt werden kann, weil dieser objektiv unmöglich ist, z. B. in Zuchthäusern, Gefängnissen, Erziehungsheimen. Auf der gleichen Grundlage, dem starken geschlechtlichen Drang, kommt es zu homosexuellem Verkehr bei Mädchen, die vor dem Verkehr mit Männern ängstlich gehütet werden oder die vor einer Schwangerschaft zurückschrecken. Schließlich gehört hierher noch die Gruppe jener Frauen, die aus Blasiertheit oder Angst vor dem angeblichen Verlust ihrer Formen den Verkehr mit dem Manne ablehnt und sich homosexuellen Akten zuwendet.

Es ergibt sich also, daß in den meisten Fällen äußere Ereignisse den Anlaß zu lesbischer Betätigung geben. Es liegt hier keine wahre Homosexualität vor, sondern eine geschlechtliche Neigung, die am besten mit dem Ausdruck „Scheinhomosexualität" bezeichnet wird. Damit aber ist schon die Tatsache vorweggenommen, daß es daneben auch eine angeborene weibliche Homosexualität gibt. Ebenso wie bei den männlichen Homosexuellen ist die Zahl der geborenen Tribaden äußerst gering und mit 1 bis 2 v. H. nicht zu niedrig angesetzt. Mag nun eine naturwidrige Anlage oder Mißbildung der Geschlechtsorgane oder eine anormale Gefühlsrichtung die Abneigung gegen den Mann bedingen, es wird fast stets unmöglich sein, die Frauen dem normalen Verkehr zuzuführen.

Worin beruht die politische Gefahr seitens der homosexuellen Frauen im gegenwärtigen Zeitpunkt? Mit der Zerschlagung der Verbände der Frauenbewegung und der anderen Organisationen der Tribaden ist die Möglichkeit der Einwirkung auf politische Entscheidungen entfallen. Die Gefahr gleichgeschlechtlicher weiblicher Betätigung ruht darin, daß sie das gesunde, natürliche Empfinden umkehrt, daß sie die Frau ihrer natürlichen Bestimmung, Gattin und Mutter zu sein, entzieht und somit eine der wichtigsten Grundlagen eines lebendigen und kraftvollen Volkes ernstlich zu erschüttern imstande ist. Ebenso wie die männlichen Homosexuellen ziehen es die Tribaden vor, sich ihre Partner in den Reihen normal empfindender Frauen und Mädchen zu suchen. Dank der größeren weiblichen Verstellungskunst gelingt es ihnen in der Regel leichter als homosexuellen Männern, ihre Partner für sich zu gewinnen. Geschickt verstehen sie es, Mädchen für sich zu begeistern, diese Empfindungen nach und nach ins Erotische zu wenden und sie letzten Endes lesbischen Praktiken zuzuführen. Wenn die Neigung eine gewisse seelische Festigung erfahren hat, fällt es viel schwerer, diese Mädchen wieder vom gleichgeschlechtlichen Verkehr abzubringen, als wenn dieser nur eine reine Ersatzhandlung darstellt. In dem letzten Falle hat die Praxis gezeigt, daß solche Mädchen und Frauen sofort von lesbischer Betätigung abließen, wenn ihnen unter entsprechenden Verhältnissen die Möglichkeit zu normalem Verkehr gegeben wurde.

II.

Es soll im folgenden aufgezeigt werden, wie sich die verschiedenen Völker zu der weiblichen Homosexualität gestellt haben und heute noch stellen. Die Rechtsquellen über die Bestrafung der weiblichen Homosexualität sind weit spärlicher als die über die strafrechtliche Verfolgung mann-männlichen Verkehrs. In dem alten indischen Gesetzbuch Manas heißt es in § 369:

„Wenn eine Jungfrau eine andere Jungfrau befleckt, so soll sie 200 Panes als Strafe und außerdem zweimal soviel bezahlen, als ihr Vermählungsgeschenk beträgt, und überdies auch zehn Streiche mit der Peitsche bekommen."

Die Prügelstrafe ist auch den Persern bekannt. Sie verhängten sie in Form von 100 Peitschenhieben für die ersten drei lesbischen Straftaten, sühnten aber den vierten Rückfall mit dem Tode.

Die Strafrechtsordnung des Ersten Reiches erkennt gegen weibliche gleichgeschlechtliche Betätigung auf Todesstrafe. Es heißt im Art. 116 der Peinlichen Hofgerichtsordnung Karls V:

„Straff der unkeusch / so wider die natur beschicht. Item so eyn mensch mit eynem vihe / mann mit man / *weib mit weib* / unkeusch treiben / die haben auch das leben verwürckt / und man soll sie der gemeynen gewohnheyt nach mit de fewer vom leben zum todt richte."

Noch das Landrecht Friedrich Wilhelms I. aus dem Jahre 1721 behält die Bestrafung der Tribadie bei[3].

Die Entwicklung hinsichtlich der verschiedenen Wertung der Strafwürdigkeit der Homosexualität ist für die weibliche die gleiche wie für die männliche. Zweimal in der deutschen Geschichte ist die nordisch-germanische Auffassung von der Strafwürdigkeit der Homosexualität

38

überfremdet worden; einmal durch die christliche Kirche und das zweitemal durch die Gedanken der Französischen Revolution. Die Kirche brach mit der germanischen Anschauung vom Sinn der Todesstrafe gegen die Homosexuellen. Die Tötung der Invertierten galt ihr nicht mehr wie den Germanen als Ausmerzung Entarteter zur Reinhaltung der Rasse[4], sondern als Ausrottung der Ketzer zur höheren Ehre Gottes. Mit dem Durchbruch der Ideen der Französischen Revolution wurde die Forderung auf die Beseitigung jeglicher Strafbestimmung gegen die Homosexuellen erhoben. In gleichgeschlechtlichem Verkehr wurde nur eine der Möglichkeiten sexuellen Verkehrs gesehen. Die gleichgeschlechtlichen

Aus: Rudolf Klare,
Homosexualität und Strafrecht,
Hamburg 1937

Verbrechen wurden unter die Sittlichkeitsdelikte eingereiht und damit der Bewertungsmaßstab grundlegend verschoben[5].

Von Amts wegen wurde lesbischer Verkehr in Thüringen[6], Baden[7], Hamburg[8] und Hessen[9] verfolgt.

Vor allem aber interessiert die Stellungnahme der verschiedenen Völker zur Strafbarkeit der Homosexualität in der Gegenwart.

So wenig bekannt wie das Vorhandensein einer weiblichen Homosexualität an sich ist, ist die Tatsache, daß außerdeutsche Strafgesetzbücher Bestimmungen gegen weiblichen gleichgeschlechtlichen Verkehr kennen. Das RStGB trifft nur die Fälle, daß lesbische Handlungen an Minderjährigen, gewaltsam, öffentlich oder unter Ausnutzung von Abhängigkeits- oder Unterordnungsverhältnissen begangen werden[10]. Strafgrund ist aber eben dann nicht die gleichgeschlechtliche Handlung als solche, sondern das jeweilige Qualifikationsmoment. Nicht der gleichen Ansicht ist das österreichische Strafgesetzbuch von 1852. Es erachtet den lesbischen Verkehr für ebenso strafwürdig wie den gleichgeschlechtlichen Verkehr des Mannes und sühnt ihn mit schwerem Kerker von 1 bis 5 Jahren, § 129 I b. Der aus der nachfolgenden Tabelle ersichtliche große Zahlunterschied zwischen den homosexuellen Vergehen der Männer und denen der Frauen beruht nicht etwa auf der geringeren Betätigung der Frauen auf diesem Gebiete, sondern auf der nachsichtigen Haltung der österreichischen Strafverfolgungsbehörden lesbischen Frauen gegenüber.

Es wurden wegen gleichgeschlechtlicher Vergehen bestraft in den Jahren[11]:

1924:	insgesamt	439	darunter	17	weibliche
1925:	insgesamt	488	darunter	18	weibliche
1926:	insgesamt	562	darunter	7	weibliche
1927:	insgesamt	402	darunter	9	weibliche
1928:	insgesamt	535	darunter	17	weibliche
1929:	insgesamt	420	darunter	6	weibliche
1930:	insgesamt	492	darunter	15	weibliche
1931:	insgesamt	439	darunter	5	weibliche
1932:	insgesamt	496	darunter	10	weibliche
1933:	insgesamt	439	darunter	18	weibliche
1934:	insgesamt	516	darunter	7	weibliche
1935:	insgesamt	433	darunter	7	weibliche

In den Jahren 1924-1935 insgesamt 5661, darunter 136 weibliche.

Ebenso wenig gestehen die meisten schweizerischen deutschen Kantone[12], die Tschecho-Slowakei[13], Schweden[14], Finnland[15], Griechenland[16], Columbia[17], Chile[18], Siam[19] und ein Teil der Vereinigten Staaten[20] der lesbischen Betätigung strafrechtlich eine Ausnahmestellung zu. Dänemark, das nach 1866 auf weiblichen gleichgeschlechtlichen Verkehr Zuchthaus setzte, läßt ihn heute gänzlich straffrei.

III.

Nach Feststellung und Erkenntnis der wesensmäßigen Grundlagen der weiblichen Homosexualität und der rechtlichen Maßnahmen der verschiedenen Völker zu ihrer Begegnung interessiert die Haltung, die die *nationalsozialistische Gesetzgebung* zur weiblichen Homosexualität und ihrer strafrechtlichen Verfolgung einnimmt.

Das kommende Deutsche Strafgesetzbuch wird eine Bestimmung gegen die „lesbische Liebe" an sich, d. h., sofern gleichgeschlechtliche Handlungen zwischen Frauen nicht unter Anwendung von Gewalt oder Drohung, Mißbrauch von Abhängigkeitsverhältnissen, Pflegebefohlenen, Abkömmlingen oder Kindern begangen werden, nicht enthalten.

Das Reichsjustizministerium führt zur Begründung dieser Stellungnahme folgendes aus[21]:

1. Bei homosexuellen Männern werde *Zeugungskraft* vergeudet und sie schieden aus der Fortpflanzung zumeist aus, wohingegen das auf homosexuelle Frauen nicht oder zumindest nicht im gleichen Maße zutreffe.

2. Gleichgeschlechtliche Betätigung sei, von Dirnenkreisen abgesehen, unter Männern stärker *verbreitet* als unter Frauen. Sie entziehe sich bei Frauen viel mehr der Beobachtung, sei unauffälliger und somit die Gefahr der Verderbnis durch Beispiel geringer.

3. Die innigeren Formen freundschaftlichen Verkehrs zwischen Frauen würden die hier zumeist bestehenden Schwierigkeiten der *Feststellung des Tatbestandes* und die Gefahr unbegründeter Anzeigen und Untersuchungen außerordentlich erhöhen.

4. Ein wichtiger Grund für die Strafbarkeit des gleichgeschlechtlichen Verkehrs sei die *Verfälschung des öffentlichen Lebens,* die eintrete, wenn man der „Seuche" nicht nachdrücklich begegne. Die Wertung der Person im öffentlichen Dienst und Wirtschaftsleben und ihrer Leistungen, die Besetzung von Stellen aller Art, die Schutzmaßnahmen gegen Mißbräuche, das alles beruhe auf der Annahme, daß der Mann männlich denke und fühle und durch männliche Beweggründe beeinflußt werde und entsprechend die Frau. Wenn auch das Bestehen einer Anlage nicht strafrechtlich bekämpft werden könne, so doch ihre Betätigung, und die Möglichkeit

hemmungsloser Hingabe an sie würde die Verbreitung der „Seuche" und die Vertiefung ihrer Auswirkungen ganz außerordentlich fördern. Was früher Verfälschung des öffentlichen Lebens genannt worden sei, komme aber bei Frauen, bei der verhältnismäßig sehr bescheidenen Rolle der Frau im öffentlichen Leben kaum in Betracht.

Die aufgezeigten Gründe vermögen nach Ansicht des Verfassers die Straflosigkeit des nichtqualifizierten weiblichen gleichgeschlechtlichen Verkehrs nicht zu rechtfertigen. Sie werden einmal den gegebenen Tatsachen nicht gerecht und verkennen zum anderen das Wesen der weiblichen Homosexualität.

Zu 1. Es wird nicht bestritten, daß bei männlichem homosexuellen Verkehr Zeugungskraft verlorengeht, bei Frauen indessen unmittelbar nicht. Diese Erkenntnis kann aber für die Strafloserklärung der lesbischen Liebe nicht ausschlaggebend sein. Wollte man den Verlust an Zeugungskraft zum Strafgrund erheben, dann müßte man alle geschlechtlichen Handlungen, die nicht unmittelbar der Zeugung dienen, unter Strafe stellen. Das bedeutet aber, auch jede onanistische und perverse Handlung zwischen Angehörigen verschiedenen Geschlechts, ja folgerichtig auch jeden Präventivverkehr für strafwürdig zu erklären. Man würde dann in den sexuellen Beziehungen der Geschlechter zueinander das rein Körperliche zum Prinzip erheben und die psychischen Vorgänge, die der normale, auch der Präventivverkehr, auszulösen imstande ist, unbeachtet lassen. Das trägt nicht zur Förderung einer gesunden Sexualität des Volkes bei.

Diese mittelbare Schädigung des Geschlechtslebens liegt aber gerade im Wesen der weiblichen Homosexualität. Der Grund für die Bestrafung des lesbischen Verkehrs soll die durch weibliche gleichgeschlechtliche Betätigung hervorgerufene Umkehrung des natürlichen Empfindens der Frau, ihre dadurch verursachte Entfremdung von ihrer natürlichen Bestimmung als Gattin und Mutter und die wiederum dadurch bedingte Verfälschung und Schädigung des völkischen Lebens sein. Kulturell gesehen gilt es, den Bestrebungen entgegenzutreten, die danach trachten, das weibliche Prinzip zum allein herrschenden zu erheben, das männliche völlig auszuschalten und so das harmonische Zusammenklingen beider Prinzipien abzulehnen und zu unterdrücken.

Zu 2. Die Annahme, daß lesbischer Verkehr in geringerem Ausmaße verbreitet sei als männlicher, ist ein Irrtum. Er beruht im wesentlichen darauf, daß infolge der Straflosigkeit der Tribadie in Deutschland zahlenmäßig darüber kaum sichere Angaben gemacht werden können. Die

Erfahrungen der Frauenärzte, Kriminalpolizei, Wohlfahrtsämter und Ehescheidungskammern liefern Material genug, um das Gegenteil der obigen Behauptung zu beweisen. Dei Feststellung, daß weiblicher gleichgeschlechtlicher Verkehr sich mehr der Beobachtung entziehe als der männliche und dadurch die Gefahr der Verderbnis durch Beispiel geringer sei als beim männlichen, kann ebensowenig die Straflosigkeit der lesbischen Liebe begründen wie die Ansicht, daß eine Handlung erst mit ihrer häufigeren Begehung zu einer strafbaren werde. Ausschlaggebend ist nicht die Zahl der Verfehlungen auf diesem Gebiet oder die Fähigkeit des weiblichen Geschlechts, seine verbrecherischen Absichten besser zu tarnen als das männliche. Entscheidend allein ist die Gefahr dertigen Verhaltens für den Bestand der ineren Werte der völkischen Gemeinschaft. Daß aber gleichgeschlechtlicher Verkehr blutsmäßige Werte zersetzt, indem er die naturgegebenen, für den Bestand eines Volkes lebenswichtigen Grundlagen, die Ehe und die Mutterschaft, zerstört, kann ernstlich nicht bestritten werden.

Zu 3. Es ist zwar richtig, daß die innigeren Formen freundschaftlichen Verkehrs zwischen Frauen eine gewisse Schwierigkeit der Feststellung des Tatbestandes bieten und die Gefahr unbegründeter Anzeigen und Untersuchungen erhöhen können. Diese Schwierigkeiten und Gefahren sind indessen nicht so groß, daß sie die Nichtverfolgung derartiger Handlungen rechtfertigen würden. Die Schwierigkeit der Feststellung des Tatbestandes ist bei Sittlichkeitsdelikten im allgemeinen ungleich größer als bei anderen Straftaten, und trotzdem ist es noch niemandem in den Sinn gekommen, sie deshalb für straffrei zu erklären. Genau so verhält es sich mit der Gefahr unbegründeter Anzeigen und Untersuchungen. Gerade bei Sittlichkeitsdelikten, es sei insbesondere an „unzüchtige Handlungen" erinnert, ereignet es sich oft, daß grundlose Anzeigen erstattet werden. Daraus allein aber schon die Strafunwürdigkeit dieser Handlungen herzuleiten, erscheint dem Verfasser sehr anfechtbar.

Zu 4. Der Ansicht des Gesetzgebers, daß die Rolle der Frau im öffentlichen Leben verhältnismäßig gering, eine Verfälschung des öffentlichen Lebens deshalb kaum zu befürchten und eine Bestrafung derartigen Verhaltens aus diesen Gründen nicht gerechtfertigt sei, kann nicht zugestimmt werden. Mit dem Bestreben des Nationalsozialismus, die Frau in ihren naturgegebenen Wirkungskreis zurückzuführen, ist keineswegs eine geringere Bedeutung und Beschränkung ihrer Betätigungsmöglichkeit verknüpft. Gerade das Gegenteil trifft zu. Die deutsche Frau spielt im völkischen Leben der Gegenwart eine größere Rolle als bisher;

ihre Stellung in der völkischen Gemeinschaft ist eine völlig andere geworden, als sie bislang einnahm. Man kann ihre Bedeutung deshalb nicht an Begriffen wie z. B. öffentliches Leben messen, die für uns heute einen ganz anderen Inhalt und eine ganz andere Bedeutung haben. Der Gesetzgeber sagt selbst, „was *früher* Verfälschung des öffentlichen Lebens genannt wurde", bemüht sich aber nicht um eine Neuwertung an Hand unserer Weltanschauung und scheut sich nicht, diesen alten Begriff zur Grundlage für die Wertung dieser Handlungen zu machen.

Wenn wir die Homosexualität als rassische Entartung ansehen[22], in dem Homosexuellen einen Feind der völkischen Gemeinschaft erblicken und feststellen, daß die Frau durch gleichgeschlechtliche Betätigung ihren Pflichten, die ihr die völkische Gemeinschaft aufgibt, notwenigerweise entfremdet wird und die Gemeinschaft damit ernstlich schädigt, ist nicht einzusehen, warum die Tribadie straffrei bleiben soll. Mit dem Schutze des Staates als der rechtlich organisierten Volksgemeinschaft ist zwangsläufig der Schutz der Volksgemeinschaft in ihrem natürlichen Bestande verknüpft. Es gehört zu den wichtigsten Aufgaben des Staates, neben der Reinhaltung der Blutsgemeinschaft um eine planvolle Weiterentwicklung der wertvollen rassischen Bestandteile besorgt zu sein. Daneben muß noch der Schutz vor den vielen Gefahren für Volksbestand und Volksgesundheit treten; es kann die Sorge des Staates sich jedoch nicht in Maßnahmen für das körperliche Wohl der Vollksgemeinschaft erschöpfen. Das Strafrecht muß vielmehr auch der Reinhaltung der religiösen und sittlichen Anschauungen der Volksgemeinschaft sein Augenmerk zuwenden. Die moralische Kraft eines Volkes und der Wille zur Selbstbehauptung müssen in ihrer ganzen Reinheit und Ausschließlichkeit erhalten bleiben, um all denen, die sie zu schwächen oder zu zerstören suchen, mit ebenso großer Entschiedenheit gegenüberzutreten.

Die Ehe und die eheliche Mutterschaft als Grundzellen des Staates und Treuhänder deutschen Erbgutes und das Verlöbnis als eine weitere Stütze des Staates müssen unantastbar sein; ihnen gebührt uneingeschränkter Schutz. Der Einwand, daß in den Fällen des lesbischen Verkehrs Nichtverlobter und Nichtverheirateter diese Merkmale unzutreffend seien, kann nicht überzeugen.

Fassen wir zusammen, so erhalten wir folgendes Ergebnis: Die weibliche Homosexualität ist grundsätzlich als ein strafwürdiges Verhalten anzusehen, da sie geeignet ist, blutsmäßige Werte zu zersetzen und die Frau ihrem völkischen Pflichtenkreis zu entziehen.

Fußnoten

1 Welches Interesse hat die Frauenbewegung an der Lösung des homosexuellen Problems?" in Jahrbuch für sexuelle Zwischenstufen VII. Jg., Bd. I, S. 131.

2 Vgl. dazu v. *Krafft-Ebing:* Psychopathia sexualis, S. 300/301.

3 Königsberg 1721. Das sechste Buch von Peinlichen Sachen. P III.

4 K. B. *Amira:* Die germanischen Todesstrafen, München 1922. S. 67.

5 Dazu: Beccaria: Verbrechen und Strafen Neueste Ausgabe von neuem verbessert und vermehrt *nebst dem Kommentare des Voltaire* (1788), Bd. I, S. 157 f. Beccaria: Verbrechen und Strafen.. Übersetzt von Hommels. Anselm von Feuerbach: Lehrbuch des gemeinen in Deutschland gültigen Peinlichen Rechts. 2. Aufl §§ 21, 22, S. 22 f. (1778), S. 165 f.

6 StGB für das Großherzogtum Sachsen-Weimar, das Herzogtum Sachsen-Meiningen, die Fürstentümer Schwarzburg-Rudolstadt und Schwarzburg-Sonderhausen. § 303, Abs. 2.

7 StGB für das Herzogtum Baden von 1845. § 371.

8 Criminal Gesetzbuch der Hansestadt Hamburg von 1869, Art. 163.

9 StGB für das Großherzogtum Hessen von 1841, Art. 338.

10 §§ 174, 176, 178, 183 StGB.

11 Zahlenmäßige Vorstellung der Rechtspflege, hgg. vom Bundesministerium für Justiz. Kriminalstatistik. Bearbeitet vom Bundesamt für Statistik.

12 Aargau i. StGB v. 1857, § 96, 97; Appenzell-Innerhoden i. StGB v. 1899, Art. 149; Bern i. StGB v. 1867, Art. 162; St. Gallen i. StGB v. 1885, Art. 189; Luzern i. StGB v. 1906, § 119; Schaffhausen i. StGB v. 1859, § 182; Schwyz i. StGB v. 1881, § 95; Thurgau i. StGB v. 1841, § 120; Unterwalden ob dem Wald i. StGB v. 1864, Art. 65; Zürich i. StGB v. 1871, § 126.

13 Österr. StGB v. 1852, § 129 I. b.

14 StGB von 1864, 18 Kap., § 10.

15 StGB von 1889, 20 Kap., § 12.

16 StGB von 1834, Art. 282.

17 StGB von 1890, Art. 412.

18 StGB von 1874, Art. 365.

19 Code Pénal von 1908, Art. 242.

20 S. Klare, Homosexualität und Strafrecht, S. 107 ff.

21 *Gürtner:* Das kommende Deutsche Strafrecht. Bes. Teil, 2. Aufl., S. 203 f.

22 Vgl. dazu *Klare:* Homosexualität und Strafrecht.

In: Deutsches Recht, 8. Jg., H. 23/24, 1938, S. 503 - 507

Alice Rilke, Berlin

Die Homosexualität der Frau und die Frauenbewegung

Eine tatsächliche Zahl der unter den Begriff „weibliche Homosexualität"[1] fallenden Frauen dürfte *zuverlässig* auch nicht einmal schätzbar sein. Das tatsächliche Vorkommen ist sehr schwer zu beweisen, es sei denn, es liege das Geständnis der Beteiligten vor. Im übrigen kann sicherlich behauptet werden, daß die Mehrzahl „angeblicher" Fälle ledigleich auf Eindrücken beruht, die Anlaß zu entsprechender Vermutung zu geben scheinen. Es gibt Leute, die geneigt sind, eine Frau schon deshalb der Homosexualität zu verdächtigen, weil sie etwa mit Vorliebe streng geschnittene Schneiderköstüme und Krawatten trägt — oder denen zum Beispiel die Hausgemeinschaft befreundeter, alleinstehender Frauen nicht geheuer erscheint. Gelegentlich wird auch einmal eine Erzieherin diesem Verdacht zum Opfer fallen, die das „Unglück" hat, Idol für gewisse Mädchenschwärmereien zu sein, die zwar vorübergehend, im akuten Stadium aber sehr hartnäckig sind.

Dem Augenschein nach steht jedenfalls fest, daß die Fälle tatsächlicher weiblicher Homosexualität sehr selten sein müssen. Ob die weibliche Homosexualität, wie der Verfasser angibt, mindestens ebenso stark verbreitet ist wie die männliche, muß bezweifelt werden. Von vielen Ärzten wird das Gegenteil behauptet.

Trotzdem mag es nötig sein, das Thema als solches zu behandeln, da zur Zeit Erwägungen im Gange sind über die Frage „*strafbar oder nicht*" und die Meinungen auseinandergehen. Und, ganz gleich, wie der Gesetzgeber sich entscheiden wird — die Homosexualität von Frauen ist selbstverständlich, genau wie diejenige von Männern, *sittliche Entartung*, Gefahr für Bestand und Moral der völkischen Gemeinschaft, die verpflichtet ist, alle Entartungserscheinungen zu bekämpfen. Der Verfasser erklärt am Schluß seines Aufsatzes: „das Srafrecht muß (vielmehr) auch der Reinerhaltung der religiösen und sittlichen

Anschauungen der Volksgemeinschaft sein Augenmerk zuwenden. Die moralische Kraft eines Volkes und der Wille zur Selbstbehauptung müssen in ihrer ganzen Reinheit und Ausschließlichkeit erhalten bleiben, um all denen, die sie zu schwächen oder zu zerstören suchen, mit ebenso großer Entscheidenheit gegenüberzutreten. Die Ehe und die eheliche Mutterschaft als Grundzellen des Staates und Treuhänder des deutschen Erbgutes müssen unantastbar sein, ihnen gebührt uneingeschränkter Schutz."

Es gibt keinen anständigen Menschen, der *dieser* Auffassung des Verfassers nicht in vollem Umfange zustimmt. Um so bedauerlicher ist, daß er im ersten Teil seiner Ausführungen den Begriff *„weibliche Homosexualität"* mit dem Begriff „Frauenbewegung" in einer Weise verbindet und identifiziert, die Empörung auslösen muß, auch in den Reihen von Frauen, die seit Jahren in der nationalsozialistischen Frauenarbeit stehen und die der früheren Frauenbewegung *nicht* angehört haben.

Zunächst etwas Grundsätzliches über die Handhabung des Begriffs „Frauenbewegung": wer ihn verwendet als Objekt für Feststellungen und Bezichtigungen, hat die Pflicht, *ganz genau* zu sagen, *wen* und *was* er verantwortlich machen will. Es kann in einem weiten Sinne unter der Bezeichnung „Frauenbewegung" die Gesamtheit der mit der Frauenfrage und Frauenaufgabe in irgendeine Beziehung zu bringenden Menschengruppen und Einzelpersönlichkeiten, Organisationen, Entwicklungsstadien, Grundsätze und Taten verstanden werden, die untereinander sehr verschiedener, ja zum Teil sogar *gegensätzlicher Art* waren. Wer nicht klar ausspricht, *wen* bzw. *welchen Teil* dieser Gesamtheit er meint, begibt sich in nicht verantwortbarer Weise in Gefahr, Menschengruppen und Organisationen grundlos zu beschuldigen, Zielsetzungen zu verfälschen und Wirkungen zu entstellen.

Leider bedient sich nun der Verfasser einer unklaren summarischen Ausdrucksweise. Er spricht einfach von „den Verbänden der Frauenbewegung". Auf Grund dieser summarischen Angabe müssen seine in Verbindung mit dem Ausdruck „Frauenbewegung" gebrachten Ausführungen in erster Linie auf diejenige Frauengruppe bezogen werden, die die eigentlich führende Gruppe innerhalb der früheren Frauenbewegung bildete: den „Bund deutscher Frauenvereine". Man muß sich vergegenwärtigen, daß über diesem Kreis jahrzehntelang der Name Helene *Lange* († 1930) gestanden hat, um die ganze Unbegründetheit der folgenden Behauptungen des Verfassers zu ermessen:

„Es ist heute eine unleugbare Tatsache, daß zwischen der Frauenbewegung und der Ausdehnung lesbischen Verkehrs ein inniger Zusammenhang besteht. Wohl wäre es falsch, die Frauenrechtlerinnen als die Bewegung der homosexuellen Frauen zu bezeichnen, doch steht es fest, daß sie die Kerntruppe dieser „Bewegung" waren. Soweit diese Frauenrechtlerinnen selbst homosexuell waren, emanzipierten sie sich, weil sie männähnlich werden wollten, nicht nur in ihrer rechtlichen Stellung und ihrem Schaffen, sondern auch in ihrem seelischen und sexuellen Empfinden. Sie erstrebten nun, daß ihre normalen Geschlechtsgenossinnen ebenso fühlen sollten wie sie.

Betrachten wir umgekehrt den Einfluß, den die Frauenbewegung auf die Entwicklung der weiblichen Homosexualität gehabt hat, so kommen wir zu folgendem Ergebnis. Die ursprüngliche Forderung der Frauenbewegung ging auf die Erreichung der Unabhängigkeit vom Mann in jeder Beziehung. Das Wirken und der Einfluß homosexueller Führerinnen erweiterte sich zu der Parole: Los vom Mann! Dieser Ruf fand bei Mädchen und Frauen, die im normalen Verkehr Schwierigkeiten oder trübe Erfahrungen gehabt hatten, großen Widerhall und ließ sie in das Lager der homosexuellen Frauen übergehen. Die Aussicht, sich ohne Folgen geschlechtlich befriedigen zu können, die Schlagworte der Frauenbewegung vom Rechte des Sich-Auslebens nach eigenem Willen und der Verantwortlichkeit allein vor sich selbst halfen den natürlichen Widerstand der betreffenden Frauen rasch überwinden. Es überrascht daher die Feststellung nicht sonderlich, daß mit dem Wachsen der Frauenbewegung ein Umsichgreifen weiblichen gleichgeschlechtlichen Verkehrs zu beobachten war.

... Mit der Zerschlagung der Verbände der Frauenbewegung *und der anderen* (!) Organisationen der Tribaden ist die Möglichkeit der Einwirkung auf politische Entscheidungen entfallen."

Der Verfasser hätte bei der Darlegung dieser Beschuldigungen die Pflicht gehabt, klar auszusprechen, von welcher Seite denn die Parolen vom „Rechte des Sich-Auslebens nach eigenem Willen" und „der Verantwortlichkeit allein vor sich selbst" aufgestellt worden sind, welche Gruppen denn die Forderung „Los vom Mann in jeder Beziehung!", einschließlich der sexuellen, erhoben hat. Wer soll hier mit „Frauenbewegung" gemeint sein? Die „bürgerliche" Frauenbewegung war ihrer inneren Grundlage nach etwas wesentlich anderes als die marxistische, und ihre Ideale hatten nichts gemein mit den Forderungen des berüchtigten „Bundes für Mutterschutz". Der Verfasser begeht — wie viele — den Irrtum, Frauenrechtlerei gleich

Frauenbewegung zu setzen und beweist damit, daß er nicht zu unterscheiden vermag zwischen Stellen, an denen bloßes *Recht* gefordert wurde, und solchen, an denen um die äußeren Bedingungen für die Erfüllung von Aufgaben gekämpft wurde. Soweit Frauenbewegung zu dem Namen Helene Lange gehört, war sie edles Unternehmen und große Idee, mit einem Ethos, das den einzigen, in der vorliegenden Angelegenheit zu erbringenden Wahrheitsbeweis darstellt:

„Die Frauenbewegung sieht in ihrer Heilighaltung der Ehe die wesentlichste Bürgschaft für das körperliche und geistige Wohl der Nachkommenschaft und die Grundbedingung sozialer Gesundheit. Die Frauenbewegung bekämpft mit allen ihr zu Gebote stehenden Mitteln die Prostitution und sieht in der mit der bestehenden Reglementierung ausgesprochenen staatlichen Sanktion des Lasters eine schwere Gefahr.

Die Frauenbewegung betrachtet für die verheiratete Frau den in der Ehe und Mutterschaft beschlossenen Pflichtenkreis als ersten und nächstliegenden Beruf." (Aus dem Programm des Bundes deutscher Frauenvereine.)

„Den Ausgangspunkt für die Frauenbewegung bildet das Festhalten an der Dauerehe als der einzigen rechtlichen und sittlichen Norm des Geschlechtslebens."

„Sie (die Geschichte) zeigt, daß die menschliche Gesellschaft nun einmal gewisser unverrückbarer einfacher sittlicher Gesetze bedarf, die der Willkür des einzelnen Schranken setzen, wenn sie nicht in Unkultur zurücksinken soll, und daß immer gerade die Rohesten und Brutalsten, die, die *nicht* mit gemeint waren, den stärksten Vorteil aus solchen Herabminderungen der sittlichen Forderungen ziehen."

„Sie (die Frauenbewegung) muß als Anwalt der Frau und des Kindes aufs schärfste gegen das Recht protestieren, um persönlicher Befriedigung, persönlichen Genusses willen sich der mit der Ehe verbundenen Verantwortung zu entziehen."

„Die Frauenbewegung, innerhalb derer die Frau zur Selbstbestimmung über die ihr zugewiesenen Kulturaufgaben kommt, kann den Hebel nur an *einem* Punkt ansetzen. Sie wird in der Verstärkung der sittlichen und sozialen Position der Frau, die dem Kulturideal der Einschränkung des Geschlechtsverkehrs auf die Einehe biologisch näher steht als der Mann, *das* Mittel zur Lösung der sexuellen Frage sehen, das in ihre Hand gelegt ist, ...sie muß den hier maßgeblichen Ordnungen ihre Form aufprägen, die sie vor allem bestimmen muß aus ihrer Verantwortung als *Mutter* heraus." (Helene Lange: „Die Frauenbewegung in ihren gegenwärtigen Problemen", 3. Aufl., S. 78 ff.)

„Das Volksgewissen... legt den Ton nicht auf die Erotik, sondern auf die *Familie,* und darum fragt es nach dem Ehering und nach dem Standesamt. Und daraus spricht eben doch das Bewußtsein der Wahrheit, die niemand aus der Welt schafft, daß es der Gattung verhältnismäßig gleichgültig sein kann, ob die Mehrzahl der Menschen ein erlesenes Liebesglück feiern, daß ihr aber daran liegt, die Garantie für die kommende Jugend erhalten zu sehen, ohne die in unserem sozialen Zusammenhang deren Existenz nicht gesichert ist." (Helene Lange: „Kampfzeiten" II, S. 4 ff.)

„Es ist eines der scheinbar am schwersten zu zerstreuenden Mißverständnisse, daß die Frauenbewegung eine Bewegung im Interesse der Unverheirateten sei. Man *will* einfach das Gegenteil nicht glauben. Neben jeden Satz des Programms der Gesellschaft für Bevölkerungspolitik könnte man die entsprechenden Beschlüsse der organisierten Frauenbewegung setzen. Säuglingsschutz und Jugendpflege, Arbeiterinnenschutz und Wöchnerinnenfürsorge, Bekämpfung der Geschlechtskrankheiten (nur daß wir sagen würden: Bekämpfung der Prostitution), hauswirtschaftliche Frauenbildung usw. usw." (Helene Lange in „Die Frau", November 1915.)

„Wie der Mann die *Verteidigung* des eigenen Heimes, der eigenen Habe, die ihm heute das schützende Gesetz abgenommen hat, auf das *Land* überträgt, wie er ihm den Dienst leistet, der seiner Natur entspricht, den Dienst mit der Waffe, so hat die Frau, der heute die Entwicklung ein gut Teil Zeit und Arbeitskraft freigegeben hat, die *mütterliche Fürsorge* über ihr Haus hinaus auf alle die zu erstrecken, die im Gemeinschaftsleben ihrer bedürfen. Das ist das logische Korrelat zum Dienstjahr des Mannes." (1. Entwurf zum Weiblichen Dienstjahr, Januar 1913.)

„...die grundsätzliche Einstellung der Frauenbewegung speziell auf dem ... Gebiet der geschlechtlichen Sittlichkeit. Es ist begreiflich, daß die wachsende Selbständigkeit der Mädchen in manchen Kreisen sie auch im schlechten Sinne „emanzipiert" hat und sie mit in die moralische Krisis der Jugend in der Nachkriegszeit hineinreißt... Aber diese Frauen sind nicht „die Frauenbewegung". Diese hält in ihren großen Organisationsformen durchaus fest an dem Programm, das bei uns in der Mitte des vorigen Jahrhunderts entworfen ... worden ist ... Hinter diesem Programm steht die feste Überzeugung von der Unveränderlichkeit der Grundzüge, die die Natur selbst in die Frau gelegt hat, und der ewigen Geltung der Verantwortung für das Gesamtleben der Nation, die mit den Ordnungen der Ehe und Familie verbunden sind." (Helene Lange zur Einführung des zweiten Bandes „Kampfzeiten" 1928.)

In einem im Dezember 1920 veröffentlichten Aufsatz bechrieb Helene Lange den Frauentyp, der das Wesen der zu ihr gehörenden Frauenbewegung am reinsten und überzeugensten darstelle:

„Ein großer Teil der Frauen, die der Frauenbewegung angehören, sind zu ihr gekommen, weil die Frauenfrage sie persönlich berührt hat. Sie hatten vielleicht im Beruf etwas zu erkämpfen oder sie erfuhren in ihrem persönlichen Leben die Macht der sozialen und rechtlichen Probleme der Frauenbewegung. Sie und andere mit ihnen kamen mit einem egoistischen Ziel oder mit dem Stachel irgendeiner bitteren Erfahrung. Sie sind eine stoßkräftige Kampftruppe, aber sie erfüllen und verkörpern selten den ganzen reinen Sinn der Frauenbewegung. Denn es handelt sich nicht um das Schrankenwegräumen, sondern um ein von innen quellendes neues Leben, eine ohne äußeren Druck und Anlaß gesehene und freiwillig übernommene Verantwortung. Und darum verkörpert sich das Wesen unserer Bewegung am reinsten und überzeugendsten in Frauen, die ohne irgendwelchen äußeren Anlaß aus der Fülle und Vollkommenheit eines ungebrochenen Frauenlebens, sich in freier Tat zu uns gesellt und ihr Leben in das Zeichen unserer Ideale gestellt haben.

Ich zeichne das Bild einer solchen Frau.

Sie ist Mutter und Haupt eines großen Familienkreises von Kindern und Enkeln, und diese Mütterlichkeit prägt sie ganz. Sie hat diesen schönen Realismus der Mutter, der anders ist als der Realismus der Männer; denn er ist erworben an dem Dienst von Menschen und nicht von Sachen, Organisationen und Betrieben. Lange warmherzige Gewohnheit, zu sehen, was Menschen nötig haben und was ihnen wohltut, hat ihr Wesen ganz und gar 'praktisch' gemacht, auf Tun gerichtet — auf das Nächstliegende, Hilfreiche und Wirksame... Warum hat sie die Kraft eines reichen ausgefüllten und ausgeglichenen Lebens der Frauenbewegung zugewandt? Es ist zuerst der Ruf sozialer Verantwortung, der sie getroffen hat. Zu jedem echten Patriziertum gehört das Bewußtsein der Berufung zur Mitverantwortung. Bei ihr hat es sich verbunden mit einem warmen Gefühl für alle äußere und seelische Not und einem starken Bewußtsein der Volksgemeinschaft... Der Frauenbewegung aber führte sie noch ein anderes zu: die Würde einer innerlich ganz selbständigen Natur, die starke Freude an gestaltender Betätigung, und das Verständnis für alles Streben nach geistiger Befreiung und reicherer, fruchtbarerer Lebensbewegung... Die Gebildeten zum Bewußtsein sozialer Verantwortung zu wecken, war ihr Sache des Herzens und der nie beruhigten Tatkraft. Sie hat sich dabei nicht davor gefürchtet, mit ihren Anschauungen und ihrem Pflichtbewußtsein allein zu stehen, ein befremdet betrachteter Pionier unbequemer Dinge... Sie war vorbildlich, wie sie eine freiwillig übernommene Aufgabe als Pflicht betrachtete und durchführte. So fest und echt wie ihr Wesen war jede Arbeit, die sie leistete. Durch Mühe und Widerwärtigkeiten, durch Kampf und Widerstände blieb sie auf dem Posten — in Zeiten tiefster nationaler Niedergeschlagenheit und Verwirrung, unter dem Druck eigener schwerster Schicksale, ist sie ein Quell der Kraft und ein Vorbild der Festigkeit und des Glaubens gewesen. Fest in ihrer Art wurzelnd, ist sie ohne Vorurteile und voll innerer Freiheit dem Werdenden gegenüber. Das aber ist, was die Frauenbewegung brauchte: wurzelhafte Menschen, die auch in dem Neuen wieder das Haltgebende suchen."

Das alles ist als Überzeugung im Verlauf von Jahrzehnten hundertfach ausgesprochen und verteidigt worden von der verantwortlichen Führerin der bedeutendsten, im eigentlichen Sinne als „Frauenbewegung" zu bezeichnenden Frauengruppe, auf die der Verfasser bedenkenlos summarisch die Feststellung anwendet, sie habe die Tendenzen der sexuellen Entartung und des sich Aus-Lebens betrieben. Sie sei die Kerntruppe der weiblichen Homosexualität gewesen, und zwischen ihr und der Ausdehnung des lesbischen Verkehrs bestehe ein inniger Zusammmnehang!

Keine Organisation ist sicher davor, daß gelegentlich auch Entartete in sie einzudringen versuchen, und kein Unternehmen ist gefeit dagegen, daß das Obskure und die Gemeinheit versuchen, sich heranzumachen und mittragen zu lassen. Keine große Idee ist sicher vor der Gefahr, daß auch der Nichtgemeinte sie auf sich bezieht, sie nach seiner Weise auslegt, daß ein unberufener Mund sie ausspricht und eine irre Stimme sich auf sie beruft.

Helene Lange hat um diese Gefahren gewußt. Sie hat — Vertreterin der „Sozialen Mutteridee", die sie war — die auflösenden Tendenzen einer gewissen „neuen Ethik" mit eindeutiger, immer gleich gebliebener Entschiedenheit aus dem Bezirk der von ihr geführten Frauenbewegung verwiesen. Sie hat sich schon 1908 und 1909 in Vorträgen und Aufsätzen über „Feministische Gedankenanarchie" und „Die moderne Ehekritik" scharf damit auseinandergesetzt und diese Ausführungen bei der

Herausgabe ihres Werkes „Kampfzeiten" im Jahre 1928 wiederholt. Der Verfasser möge sie nachlesen!

Von der Gegenwart her muß daran erinnert werden, daß in der Ehrenhalle der Ausstellung der Reichsfrauenführung auf dem Reichsparteitag 1937 in Nürnberg die Bilder von Helene Lange, von Gründerinnen und Mitarbeiterinnen der durch ihren Namen bestimmten Frauenbewegung dargestellt waren. Die Reichsfrauenführerin nahm in ihrer damaligen Rede darauf Bezug und sagte: „Wir haben die Bilder von deutschen Frauen gebracht, die vor uns ihre Kraft und ihre Liebe in hervorragendem Maße unserem Volke geschenkt haben. In ihnen wollen wir all derer in Dankbarkeit gedenken, die jemals um die Möglichkeiten des Wirkens fraulicher Kraft im Dienste der Nation gerungen haben."

Es ist die durch Helene Lange gekennzeichnete Haltung, die auch uns nationalsozialistische Frauen, die wir der Frauenbewegung nicht angehört haben, veranlaßt, eine gewisse, von vielen Seiten angewandte Methode abzuwehren: nämlich unbedenklich und ohne Kenntnis tatsächlicher Zusammenhänge, ohne Unterscheidung und Abgrenzung verantwortungsbewußter Gruppen und wahrhaft völkischer, auch von uns zu bejahenden Grundsätzen den Begriff „Frauenbewegung" in verallgemeinernder Weise zu entstellen und zu diffamieren und mit unbeweisbaren Beschuldigungen auch Frauen zu belasten, deren Wirken auch wir von einem neuen politischen Boden aus in gerechter Wertung gegenüberstehen. Denn auch wir sind im völkischen Sinne als Frauenbewegung angetreten. Mit einer viel größeren Frauenorganisation und mit viel zahlreicheren Frauendienststellen als jemals vorher. Sie sind Former der Gemeinschaft und Stellen, von denen aus die Mitarbeit der Frauen geleistet wird. Daher müssen wir uns gegen die Verbreitung von Auffassungen wenden, von denen aus vielleicht jede Frauenorganisation und jeder Frauenverband schon als verdächtig angesehen werden könnte.

Deshalb soll zum Schluß (für *diesen* und andere Verfasser!) noch gewissermaßen der Finger auf die eigentliche Wunde gelegt werden, auf den Ausgangspunkt eines Irrglaubens, von dem aus es überhaupt erst möglich wird, den Begriff „Frauenbewegung" in einem Atem zu nennen mit einer Entartungserscheinung wie weibliche Homosexualität. Es ist der Irrglaube, daß die Entwicklung, auf die der Begriff „Frauenbewegung" anzuwenden ist, Abkehr von natürlichen Lebensgesetzen und damit ihrem Wesen nach grundsätzlich Entartung sei! Von dieser Meinung her muß dann zwangsläufig jede tatsächliche Entartungserscheinung auf weiblicher Seite mit Frauenbewegung identifiziert und begründet werden, obwohl sie auf einem völlig anderen Boden entstanden ist.

Es ist geradezu tragisch, wie dieses Ur-Mißverständnis auch die Gemeinschaft zwischen Männern und Frauen stören muß, die im Grunde genau dasselbe meinen, nämlich: daß der Mann und Frau im Dienst an der Gemeinschaft und in der Verantwortung vor dem Volke zu leben und den Beitrag ihres Wesens zu leisten haben.

Der Frau ist seit mehr als einem Jahrtausend der ihrer Art gemäße Lebens-, Arbeits- und Aufgabenraum immer mehr verengt worden. Im germanisch bestimmten Volksleben konnte sie unmittelbar und selbstverständlich im Bereich von Familie und Sippe den *Beitrag des weiblichen Menschen* zum völkischen Leben leisten. Die Mächte der späteren Kulturentwicklung, insbesondere der Wirtschaft und der Technik, haben den Wirkensbereich der Familie und damit der Frau mehr und mehr eingeschränkt, ihm wesentliche Aufgaben entzogen und diese als selbständige Produktionszweige, Arbeitsmethoden, Bildungsanstalten usw. in das öffentliche Leben gerückt. Im Verfolg dieser Entwicklung wurde eine breite Frauenschicht in die Öffentlichkeit des kapitalistisch bestimmten Wirtschaftslebens hinausgewiesen, ohne daß ihr auch nur die notwendigste innere Ausrüstung und äußere Bewegungsfreiheit dafür gegeben war. In diesem Augenblick entstand notwendig die sogenannte „Frauenfrage"! Was seitdem von Frauenseite aus geschehen ist, um diesen unaufhaltsamen Prozeß — der Verarmung der Familie einerseits und der zwangsläufig zunehmenden weiblichen Berufstätigkeit andererseits — zu steuern, d. h., die Frauenkräfte trotzdem so zu entfalten und zu bestärken, daß sie in ihrer Mutteraufgabe geschützt und zugleich auf neue Weise zu einem artgemäßen und sinnvollen Einsatz im Gesamtleben des Volkes befähigt werden — das ist Frauenbewegung!

Sie ist nicht Abkehr vom Natürlichen, sondern der große Versuch, es neu zu gewinnen und wirksam werden zu lassen in den Formen gegenwärtigen deutschen Lebens. Die Frauenbewegung ist keine konstruierte Organisation, sondern eine naturnotwendige Entwicklung. Ihr Element ist nicht eine geschlechtsegoistische Idee, die sie durchsetzt, sondern das Naturgesetz, das sie freilegt! Dieses Gesetzt wirken zu lassen, ist germanische, deutsche Art. Erst wenn es wirklich wieder Allgemeingut ist, werden wir als Männer und Frauen zusammen die natürliche Gemeinschaft sein gegen alles, was unnatürlich ist und „wider unsere Art".

In: Deutsches Recht, 9. Jg. H. 1, 1939, S. 65 - 68

Dr. jur. Gertrud Schubart-Fikentscher

Zum Problem der weiblichen Homosexualität

Unter dieser Überschrift ist von Dr. Rudolf Klare in der Zeitschrift „Deutsches Recht" 1938, Heft 23/24, ein Aufsatz erschienen. Die Behauptungen, die dort in diesem Zusammenhang über die Frauenbewegung erhoben worden sind, hat Alice Rilke, Leiterin des Frauenamtes der DAF, im „Deutschen Recht" 1939, Heft 3/4, mit eingehenden Begründungen als völlig haltlos zurückgewiesen. Sie hat das an vielen Äußerungen Helene Langes, an der Arbeit des Bundes Deutscher Frauenvereine und an Art und Stellung der heutigen Frauenverbände dargetan. Es ist deshalb nicht nötig, hier weiter darauf einzugehen. Dr. Klares Aufsatz beruht auf einer ganz anderen Arbeit von ihm, Homosexualität und Strafrecht, 1937, in der übrigens nirgends der Frauenbewegung eine Steigerung weiblicher Homosexualität zur Last gelegt wird.

Da der Gegenstand aber jetzt öffentlich zur Sprache gekommen ist und Dr. Klare, unter Hinweis auf eine Steigerung solcher unzüchtigen Handlungen, für die Bestrafung im künftigen deutschen Recht eintrat, ist es notwendig und lehrreich zu sehen, wie sich im Ablauf der Geschichte die Gesetzgeber dazu gestellt haben. Es ist ja gar keine neue Frage, sie erscheint immer wieder und wird je nach der Zeit, in der sie aufgeworfen wird, beantwortet. Es handelt sich hierbei stets um den einfachen Tatbestand der widernatürlichen Unzucht, der von beiden Seiten freiwilligen Handlung. Die Erschwerungsgründe: jugendliches Alter, Gewalt oder Drohung, Mißbrauch von Pflicht- oder Abhängigkeitsverhältnissen, Verwandtschaft o. ä. bleiben hier außer Betracht.

Die erste reichsrechtliche Regelung finden wir in der peinlichen Gerichtsordnung (PGO), dem Strafgesetzbuch Kaiser Karls V. von 1532, die deshalb auch Carolina genannt wird. (Das 2. Reichsstrafgesetzbuch ist vom Jahre 1871.) Artikel 116 der PGO lautet: „Straff der unkeusch, so wider die natur beschicht. Item so eyn mensch mit eynem vihe, mann mit mann, weib mit weib, unkeusch treiben, die haben auch das leben verwürckt, und man soll sie der gemeynen gewohnheyt nach mit dem fewer vom leben zum todt richten". Also Feuertod für das Verbrechen für Mann wie Frau. Es wird übrigens stets, wenn überhaupt, im Zusammenhang mit der männlichen Unzucht behandelt. Dieser Artikel der PGO stimmt wörtlich mit den Vorschriften der bischöflich Bambergischen Halsgerichtsordnung (1507) und der Brandenburgischen Halsgerichtsordnung für Ansbach/Bayreuth (1516) überein. Der Verfasser dieser Halsgerichtsordnungen ist Johann Freiherr zu Schwarzenberg, der Hofmeister und Vorsitzender des bischöflichen Hofgerichts in Bamberg war, später Landhofmeister der Markgrafen von Brandenburg. Er selbst war ungelehrt, aber ein bedeutender und weit bekannter Mann, von Luther hoch gerühmt, und hat sich wiederholt politisch als besonders fähig erwiesen: er war Mitglied des Reichsregiments, das in Abwesenheit des Kaisers regierte. Auf dem Luther-Reichstag in Worms 1521 spielte er eine hervorragende Rolle. Dort wurde auch, besonders unter Schwarzenbergs Führung, der erste Entwurf einer gerichtsrechtlichen Regelung des in allen deutschen Ländern sehr reformbedürftigen Strafverfahrens und Strafrechts angefertigt. Weitere Entwürfe folgten, und nach langen Kämpfen wurde 1532 die PGO, mit einigen Vorbehalten, als Reichsgesetz veröffentlicht. Die Entwürfe zeigen für den Art. 116 der PGO den gleichen Wortlaut.

Aus welchen Quellen hat nun Schwarzenberg für die PGO im allgemeinen und den Art. 116 im besonderen geschöpft? Sie sind sehr verschiedenartig: einheimisches bambergisches geschriebenes wie Gewohnheitsrecht, die Reichsgesetzgebung und andere deutsche Rechte; und schließlich fremdes, d. h. römisches und kirchliches Recht, meist auf dem Wege über die sehr verbreitete volkstümliche Literatur des 15. Jahrhunderts und die Werke italienischer Rechtsgelehrter. Für den Art. 116 jedoch ist das Vorbild nur im fremden Recht zu suchen, sehr wahrscheinlich vermittelt durch italienische Schriften. Aus zwei Wurzeln entsteht es: dem römischen und dem kirchlichen Recht. Das römische Recht erwähnt an verschiedenen Stellen Unzucht zwischen Männern, Knabenschändung neben anderen Unzuchtsvergehen, es steht Todesstrafe durch Enthaupten darauf. Von Frauen ist nicht die Rede. Nur an einer Stelle, einer kaiserlichen Kundmachung vom Jahre 342, die also schon unter christlichem Einfluß steht, werden sie mit angeführt, es sollen sie wie die Männer „ausgesuchte Strafen" treffen. Diese ungenaue Bestimmung wurde später, 390, durch die Androhung des Feuertodes ersetzt, wobei wieder nur Männer genannt werden. Die 141. Novelle Justinians vom Jahre 559, die ebenfalls nur von Männern spricht, droht unter Hinweis auf Sodom Kirchenstrafen an. Hier liegen also die letzten Quellen: die Bibel, die in der Geschichte von Sodom (Genesis 19) der Unzucht zwischen Männern den Namen gegeben hat, und an anderen Stellen des mosaischen Rechts die Unzucht zwischen Männern und zwischen Mensch und Tier (Bestialität) erwähnt. Es steht immer Todesstrafe darauf; in Sodom greift Gott selbst ein und vernichtet alles durch Feuer. Von Frauen aber ist in den sonst sehr eingehenden, genau abgefaßten Bestimmungen nirgends die Rede, sie werden also nicht bestraft. Wir begegnen ihnen nur an einer Stelle, die allerdings für die weitere Entwicklung entscheidend geworden ist: in dem Brief des Paulus an die Römer (1,26 ff), in dem ein ganzer Lasterkatalog über das Treiben der Heiden aufgestellt ist: „Darum hat sie Gott auch dahin gegeben in schändliche Lüste. Denn ihre Weiber haben verwandelt den natürlichen Brauch in den unnatürlichen. Desselbigen gleichen auch die Männer...", alle sind sie des Todes würdig. Und wenn dies hier auch nicht als Strafe aufzufassen ist, so hat man doch später darin eine Strafbestimmung gesehen, und diese Stelle ist, ebenso wie die aus dem mosaischen Recht in die kirchliche Gesetzgebung gelangt. Augustin erwähnt sie im Jahre 419; von da ist sie mit in die mittelalterlichen Kanonessammlungen aufgenommen worden und in das Decretum Gratiani (Mitte des 12. Jahrhunderts) geraten, das Grundlage für das corpus juris canonici, das kirchliche Gesetzbuch, wurde. Darin werden solche Handlungen, gleich ob von Mann oder Frau begangen, als äußerst verabscheuungswürdig hingestellt und mit Kirchenstrafen bedroht.

Die Kirche, die sich darin mit dem römischen Recht berührte und daraus verschiedenes, wie so oft, in ihre Gesetzgebung aufnahm, übte damit auch auf das germanisch-weltliche Recht Einfluß aus. Hier ist in den früheren Rechten nichts derartiges erwähnt, weder von Männern noch von Frauen. Nur eine sehr umstrittene Stelle in Tacitus Germania c. 12 wird gern dafür angeführt, als hätten die Germanen bei widernatürlicher Unzucht die Täter, d. h. „corpore infames", im Sumpf erstickt. Genau gesehen, handelt es sich hierbei aber um Männer, die im Zusammenhang mit Kriegsverbrechern als Feiglinge und kriegsuntüchtig bezeichnet, und zu denen solche „corpore infames" gerechnet werden; in dieser Verbindung also z. B. Eunuchen, Hermaphroditen. Von Frauen ist nicht die Rede. — In einem westgotischen Gesetz (Mitte 5. Jh.), das unter römisch-kirchlichen Einfluß steht, ist für Männer als Hauptstrafe Entmannung angedroht; Frauen werden nicht erwähnt. Man erfährt für sie auch nichts in dem ersten

Kapitular, das sich mit widernatürlicher Unzucht im fränkischen Reich befaßt, der sog. admonito generalis vom Jahre 789, das unter Hinweis auf kirchliche Gesetzgebung für Bestialität und Unzucht zwischen Männern kirchliche Bußen verhängt, falls von der Strafe des Enthauptens begnadigt wurde. Diese Bestimmungen sind auch weiter in Kapitulariensammlungen aufgenommen worden, wo z. T. unter Bezug auf römisches Recht, das aber hier offenbar kirchlich beeinflußt ist, der Feuertod angedroht wird. Über Frauen erfährt man jedoch nichts.

Dies ist für die frühen germanischen Rechte alles. Das ist auch gut verständlich. Denn die widernatürliche Unzucht unterlag, wie alle sog. Fleichesverbrechen, d. h. Ehebruch, Blutschande u. ä., der kirchlichen Gerichtsbarkeit. Dort wurde der Tatbestand festgestellt, das Urteil aber, wenn es, wie hierbei, an Leib oder Leben ging, von dem weltlichen Richter vollstreckt. In der weltlichen Rechtsprechung, in Stadtrechten und dergl., taucht die widernatürliche Unzucht erst im Laufe des späteren Mittelalters auf, als die weltlichen Mächte mehr und mehr derartige Rechtsgebiete an sich ziehen. Aber auch dann findet sie bis zur PGO nur spärlich Erwähnung. Meist, wenn überhaupt, wird sie zugleich mit der Ketzerei behandelt, oft geradezu als „Ketzerei", etwas „unchristliches" bezeichnet. Ja, vielleicht ist ursprünglich mit Ketzer jemand gemeint gewesen, der widernatürliche Unzucht beging. Den frühesten Beleg für die Bestrafung widernatürlicher Unzucht durch ein weltliches Gericht zeigt das Stadtbuch von Augsburg (1276), das Ketzerei in diesem Sinne deutlich von der Ketzerei in Glaubenssachen scheidet und ebenfalls mit dem Feuertode bedroht. Der Täter ist dann „gote unde aller der christenheit gerihtet". Der Feuertod findet sich in flandrischen Rechtsquellen, auch im allemanischen, Schweizer Rechtskreis und konnte deshalb gut von der PGO als „gemeine Gewohnheit" bezeichnet werden. An allen diesen Stellen steht aber nichts über Frauen, es ist hier stets von Päderastie und Bestialität die Rede. Nur einmal wird auch darüber berichtet, nämlich in dem Achtbuch der Stadt Speyer. Danach ist dort 1477 eine Dirne aus Nürnberg wegen mehrfach verübter widernatürlicher Unzucht im Rhein ertränkt worden, sie erleidet die übliche Frauenstrafe. Die beiden anderen Frauen, von denen die eine angibt: „daz sie nit gewust anders, denn daß sie fur ayn man erkennt hab", mußten nach der Hinrichtung der Haupttäterin Urfehde schwören, niemals wieder die Stadt Speyer zu betreten. Übrigens hat man bei der ziemlich knapp gehaltenen Urkunde den Eindruck, als ob es sich bei der Nürnbergerin um einen Zwitter gehandelt habe. — Aus diesen wenigen weltlichen Quellen des früheren wie des späteren Rechts sieht man, wie sie selten das Vergehen erwähnen, meistens ganz schweigen, bis sich das mit der PGO ändert. Auch die großen, berühmten Rechtsbücher aus der ersten Hälfte und dem Ende des 13. Jahrhunderts, der Sachsenspiegel und der sog. Schwabenspiegel, erwähnen das Vergehen selbst nicht. Dafür geht aber mitunter aus den Quellen, die sonst nichts darüber sagen, etwas anderes hervor, das hier mit herangezogen werden soll:

Die schwere Ehrenkränkung, die in dem Vorwurf widernatürlicher Unzucht liegt. Sie gilt als eine der größten Beleidigungen und wird durchweg hart bestraft. Irgendeine Unterscheidung, ob den Vorwurf Mann oder Frau trifft, gibt es dabei nicht. So darf z. B. nach der Graugans, den Aufzeichnungen altisländischen Rechts (um 1250), der Beleidigte wie sein Begleiter bis zum nächsten Allthing sich durch Totschlag rächen. Tut er es nicht, verfällt der Beleidiger ewiger Landesverweisung. Der Schwabenspiegel bedroht diese Verleumdung mit Rädern. Nach dem Rechtsbuch Rupprechts von Freising (1328, 1473) werden die Verleumder verbrannt, d. h. sie sollen die gleiche Strafe leiden, wie der Beleidigte, falls er die Tat begangen hätte. Nach dem Stadtrecht von München (1347) muß der Verleumder Geldbuße an Richter und Beleidigten zahlen, wenn er ihn, wie es dort im doppelten Sinn heißt: „von der Christenheit schilt".

Dies lag alles vor der PGO. Sie wurde 1532 eingeführt unter dem Vorbehalt bestehender landesrechtlicher Bestimmungen und Gebräuche. Ein Gesetzbuch im heutigen Sinne ist die PGO nicht, aber sie wurde doch durch ihren großen inneren Wert für die nächsten drei Jahrhunderte die Grundlage des gemeindeutschen Strafrechts, aus ihr entwickelte sich das Strafrecht in den Ländern selbständig weiter. Die großen Länder gaben sich die entsprechenden eigenen Gesetzbücher, die anderen druckten bisweilen die PGO einfach ab. Damit gelangt auch der Art. 116 mit seiner Bestrafung widernatürlicher Unzucht in die deutsche Landesgesetzgebung. Einige der bedeutenderen Länder sollen hier gezeigt werden.

In Preußen steht, genau wie in der PGO, in dem verbesserten Landrecht Friedrich Wilhelms I. von 1721 (erste Fassung 1620, revidiert 1675 ff.) auf widernatürliche Unzucht der Feuertod, ohne daß einzelne Arten der „unnatürlichen sodomitischen Unkeuschheit und Sünde", ob von Mann oder Frau begangen, unterschieden würden. Äußerst wortreich, ohne Umgrenzung des Tatbestandes, wird von der Unkeuschheit wider die Natur, „welche für züchtige Ohren nicht zu erzählen gebührt", voller Abscheu gesprochen. In der folgenden Reformbestrebung kommt es zu dem großen Gesetzgebungswerk, das von Friedrich d. Gr. gefördert, aber erst nach seinem Tode veröffentlicht wurde: dem Allgemeinen Landrecht für die preußischen Staaten (endgültig 1794). Sonst sehr weitschweifig, bestimmt es den Tatbestand ebenso allgemein (II. Teil 20. Tit. § 1069), nur kürzer. Es verlangt eine „gänzliche Vertilgung des Andenkens", die aber nicht in der Todesstrafe, sondern in Zuchthaus und Verbannung besteht. Die religiösen Grundlagen, auf denen bisher die Bestimmungen des gemeinen deutschen Strafrechts ruhten, sind in dieser Gesetzgebung verlassen worden, es sind andere Auffassungen in die Praxis und Rechtswissenschaft eingedrungen; das ALR ist ein gutes Beispiel für den aufgeklärten Polizeistaat. Für die widernatürliche Unzucht werden also hier keine Einzelheiten wie in der PGO aufgezählt, von den Frauen erfährt man nichts, sie sind aber in dem allgemeinen Begriff mit umfaßt. — Von der Reformbewegung unberührt blieb die Gesetzgebung in Bayern (Codex juris Bavarici criminalis 1751) und in Österreich (Constitutio criminalis Theresiana 1769). Sie stützten sich auf das gemeindeutsche Recht in seiner bisherigen Gestalt und auf die ältere Landesgesetzgebung und gehen in ihren Strafbestimmungen nicht über die PGO hinaus. So auch nicht in der Bestrafung der widernatürlichen Unzucht. Die Vorschrift des bayrischen Rechts ist fast wörtlich, wie schon in der peinlichen Halsgerichtsordnung Ferdinands III. (1665), also auch für Frauen, der PGO entnommen; nur mit dem Unterschied, daß vor der Verbrennung die Täter zu enthaupten sind, ihre Asche soll dann sofort ins Wasser gestreut werden. Dasselbe verordnet, nur viel eingehender und umständlicher, das Strafgesetzbuch Maria Theresias für die österreichischen Erblande. Im Gegensatz zu der mütterlichen Gesetzgebung und stark unter dem Einfluß der Aufklärung steht das Strafgesetz Josefs II. (1787). Die Bestrafung der widernatürlichen Unzucht, auch für Frauen, ist beibehalten worden; freilich nicht die Todesstrafe, die ist allgemein beseitigt. Aber diese Handlungen werden in die „politischen Verbrechen", d. h. solche, die den Staat gefährden, eingereiht, was die schwersten Freiheitsstrafen nach sich zieht, wie Anschmiedung, Gefängnis mit öffentlichen Arbeiten, u. U. nur Gefängnis.

Man kann nun beobachten, welche Schwierigkeiten den Kommentatoren der PGO und auch sonst in der Wissenschaft die Auslegung des Art. 116 besonders hinsichtlich der Frauen gemacht hat; wie man sich bemühte, den Tatbestand dafür festzustellen, um ein gleiches todeswürdiges Verbrechen wie für die Männer darin zu finden. Schon früh tauchen hier die gleichen Fragen und Zweifel auf, die später immer wieder so viel Auseinandersetzungen verursacht haben. Manche Kommentatoren gehen nicht ins einzelne, sondern begnügen sich mit dem Hinweis auf die Stelle bei Paulus und das römische Recht (16 Jh.). Spätere (16/17 Jh.) schränken den Feuertod auf die Bestialität ein und wollen sonst nur mit dem Schwert strafen. Andere (17./ 18. Jh.) meinen, die PGO könne darunter nur eine Androgyna verstehen, was aber von Gegnern als sinnlos verworfen wird. Und schließlich sucht man noch einschränkend die PGO zu begreifen, indem angenommen wird, der unzüchtige Verkehr zwischen Frauen geschehe „per arma artificialia", durch künstliche Geräte. Im 18. Jh. macht sich überhaupt eine mildere Auffassung geltend, sei es, daß der Tatbestand enger gefaßt wurde, sei es, daß man an der Notwendigkeit zweifelte, solche Handlungen zu bestrafen. Hier war vor allem die Schrift des Marquis von Beccaria *Von Verbrechen und Strafen* (1764, übersetzt 1778) weit über Italien hinaus von Bedeutung. Leidenschaftlich zog er gegen die Mißstände in der Strafrechtspflege zu Felde und verlangte gründliche Reformen. Dabei spricht er übrigens nur von der Knabenliebe, „worauf die Gesetze (wer sollte es denken), das Feuer gesetzt"; „kann man sich nicht anders helfen, so gibt man der Übertretung eine verhaßte Benennung, mengt nach Gelegenheit das Wörtchen Blut mit unter und opfert die Sache dem Namen auf." Er hält es für Sünde, an der die Verhältnisse der menschlichen Gesellschaft schuld seien, aber nicht für ein Verbrechen, das das Bürgertum zerrütte; es müsse deshalb anders eingeordnet werden als bisher.

Einen nicht minder starken Einfluß, besonders was die Bestrafung von Frauen anlangt, übte eine Schrift des bayr. Juristen Cella aus: Über Verbrechen und Strafe in Unzuchtfällen (1787)). Vor allem wendet er sich gegen die Bestrafung von Frauen nach der PGO, denn es frage sich, ob von ihnen das Vergehen überhaupt begangen werden könne. Ihre „unzüchtigen Spielereien" seien etwas anderes als die Unzucht (concubitus) unter Männern und deshalb anders zu bewerten, keinesfalls mit Feuer und Schwert zu ahnden. „Das natürlichste wäre wohl anzunehmen, daß Weib mit Weib keine eigentliche sodomiam sexus begehen könne: indem alles, es mag mit oder ohne künstliche Werkzeuge bewerkstelligt werden, bloß auf unzüchtige Spielereien hinausläuft, an denen die Imagination mehr Anteil als die Realität hat." Er meint, die PGO gar nicht mehr verstehend, sie habe die Bestrafung von Frauen nur der theoretischen Vollständigkeit halber mit aufgenommen, und es solle deshalb als gänzlich „altmodisches Gewand" abgetan werden. In seinem System stellt er es zu den onanitischen Lastern, für die Maßnahmen der Sittenpolizei ausreichen, die je nach dem Stand der Frauen zu treffen seien, z. B. Verweis, Schläge, öffentlich die Geige tragen, Geldstrafen. — Sehr kritisch gegen alle derartigen ungestümen Reformbegehren, ja mitunter recht scharf, wendet sich

Anselm v. Feuerbach in seinem Lehrbuch des gem. in Deutschland geltenden peinlichen Rechts (1801), ohne übrigens besonders auf die Unzucht zwischen Frauen einzugehen. Aus dem Laster entspränge „Verachtung der Ehe, welche Entvölkerung und Schwächung und zuletzt Auflösung der Macht des Staates erzeugt". Deshalb sei auch eine Bestrafung unbedingt erforderlich. Die Strafe der PGO sei grausam, sie stehe im Mißverhältnis zum Verbrechen, aber trotzdem gehe es nicht an, die Gültigkeit des Gesetzes zu leugnen, wenn es auch auf einer anerkannt unrichtigen Vorstellung der Sache beruhe. Es sei deshalb Zeit, daß der Staat dies ändere.

Diese Auffassungen spiegeln sich nun in der Strafgesetzgebung der deutschen Länder im 19. Jh. Nur einiges davon soll gezeigt werden. Die preußischen Entwürfe, von 1830 an, lauten verschieden. Zunächst sind Frauen in der allgemeinen Bestimmung, die „Befriedigung der Wollust" straft, mit umfaßt. Das wird später einschränkend ausgelegt, bis dann das StGB (1859) beim einfachen Tatbestand nur noch die Bestrafung von Männern vorsieht. So ist es auch in dem Entwurf zu einem StGB des Norddeutschen Bundes (1870) gelangt, das als ReichsStGB am 1.1.1871 (Bayern 1872) in Kraft trat (§ 175). Aus welchen Gründen die damaligen preußischen Entwürfe von der Strafbarkeit der Frauen absahen, ist weder aus den Motiven dazu noch aus den Verhandlungen des Staatsrats festzustellen. Die Novelle zum RStGB 1935 hat daran nicht geändert, nur in § 175 a schwere Sonderfälle für Männer zugefügt. Im übrigen straft das RStGB in den §§ 174 ff. die widernatürliche Unzucht von Frauen bei besonderen Erschwerungsgründen: jugendlichem Alter, Gewalt oder Drohung, Mißbrauch eines Abhängigkeits- oder Pflichtverhältnisses o. ä. genau wie die Männer. — Die anderen deutschen Strafgesetzbücher bis 1871 bilden verschiedene Gruppen. Sie strafen mitunter ganz allgemein widernatürliche Unzucht, so daß Frauen davon mit umfaßt werden; oder sie schränken den Tatbestand auf Männer ein; oder sie strafen beide nur bei Erschwerungsgründen. Das Maß der Strafen ist ebenfalls verschieden, es handelt sich aber stets um Freiheitsstrafen. Allgemein werden z. B. die Frauen mit bestraft in dem StGB von Oldenburg (1814), Hessen (1841), Baden (1845), Thüringen (1849), Sachsen (1855). Dagegen straft Bayern (1813, 1861) Mann wie Frau nur bei Erschwerungsgründen, ebenso Hamburg (1869); während z. B. Lübeck (1863) wie Preußen nur Männer straft. — In Österreich wurde das Josefinische Gesetzbuch mit wenig Änderungen für die ganze Monarchie beibehalten. Die Bestrafung der Unzucht mit dem eignen Geschlecht blieb bestehen, sowohl im StGB von 1803 wie 1852, der Unterschied liegt nur in der neueren genauen Abfassung. Es blieb also bis heute bei der Bestrafung auch der Frauen.

Nur kurz sollen einige ausländische Gesetze, soweit sie erreichbar waren, gestreift werden. Es handelt sich dabei ebenfalls stets um den einfachen Tatbestand; bei Erschwerungsgründen wird überall gestraft. Sehr viele Länder kennen die Bestrafung weder für Männer noch für Frauen. Sie werden nicht bestraft in allen romanischen Ländern, so nicht in: Italien (1889, 1930), Frankreich, Spanien und Portugal und die entsprechenden meisten südamerikanischen Staaten; ebenso nicht in: Belgien, Holland, dem neuesten StGB der Türkei (1926), Polen (1932), Rußland (1903, 1926/30). — England, Schottland und die Dominions entsprechend, strafen die Unzucht zwischen Männern, auch z. T. zwischen Mann und Frau. Die nordamerikanischen Staaten strafen ähnlich wie England. Ungarn (1878) straft nur Männer, Bulgarien (1896) beide; Griechenland (1834) ebenso, gibt das aber im Entwurf (1932) für Frauen auf. Die Tschechoslovakei behielt das österreichische StGB (1852) im allgemeinen bei und straft beide. In den nordischen Staaten: in Schweden (1916) und Finnland (1889) werden auch die Frauen bestraft; in Dänemark war das (1866) ebenso, aber es ist in der neuen Gesetzgebung aufgegeben worden; Norwegen (1902) straft nur die Männer. In den Schweizer Kantonen war die Behandlung sehr verschieden, einige straften nur die Männer, andere auch die Frauen, andere beide nicht. Das letzte ist nun in das neue StGB für die ganze Schweiz (1937, in Kraft ab 1.1. 1942) gelangt.

Wie steht es nun mit der neuesten Reformbewegung in Deutschland? Im Vorentwurf zu einem deutschen StGB (1909) wurde die Bestrafung für Frauen mit aufgenommen (§ 250). Dazu hieß es in der amtlichen Begründung, es seien dafür die gleichen Gründe wie für Männer maßgebend gewesen, auch wenn die Erscheinung, wie bekannt, nicht so häufig sei. Trotzdem bestünde aber die gleiche Gefahr für Staat, Familie und Jugend; die Strafbestimmung müsse deshalb im Interesse der Sittlichkeit wie der allgemeinen Wohlfahrt so weit ausgedehnt werden. Die Zahl der Gegner des § 250 war groß, Ärzte, Juristen u.a., und es schloß sich in der Literatur eine eingehende Auseinandersetzung an. Alle alten Fragen und Zweifel kehrten darin wieder, und die wichtigsten daraus sind in den gutachtlichen Äußerungen vom Reichsjutizamt (1911) zusammengefaßt worden. Danach werde die Allgemeinheit durch unzüchtige Handlungen zwischen Frauen überhaupt nicht geschädigt, das sei wenig bekannt, und irgendein praktisches Bedürfnis zur Bestrafung läge nicht vor; die Strafdrohung bilde eine neue Quelle des Denunzianten- und Erpressertums, besonders weil widernatürliche Unzucht in Dirnenkreisen, also bei sittlich minderwertigen Personen, vorkäme; und vor allem bliebe es völlig zweifelhaft, welche Handlungen denn bestraft werden sollten, die Grenzen seien da fließend, denn in den meisten Fällen handle es sich um bloße Masturbation, die aber unter Männern nicht strafbar sei. In dem Gegenentwurf (1911) und in allen weiteren amtlichen Entwürfen zum RStGB (1913, 1919, 1925) ist nun die Bestrafung, die der Vorentwurf für Frauen vorsah, aufgegeben worden. — In Österreich wechseln die Entwürfe: z. T. fehlt der einfache Tatbestand, d. h. Mann wie Frau sollen nicht bestraft werden (1867); andere folgen dem deutschen RStGB (1874, 1881); andere bedrohen Mann wie Frau mit Strafe (1863, 1889, 1902, 1912).

Entscheidend ist nun hier die nationalsozialistische Reform. Die neuesten Arbeiten der amtlichen Strafrechtskommission sind vorverlegt von Reichsjustizminister Dr. Gürtner[1]. Danach ist ohne Ausnahme in der Kommission die Strafbarkeit der Männer beibehalten, die Strafbarkeit der Unzucht zwischen Frauen eingehend geprüft worden. Die Kommission hat die Ausdehnung des Tatbestandes auf Frauen abgelehnt, und zwar aus folgenden Gründen:

„Bei Männern wird Zeugungskraft vergeudet, sie scheiden zumeist aus der Fortpflanzung aus, bei Frauen ist das nicht oder mindest nicht im gleichen Maße der Fall. Das Laster ist unter Männern stärker verbreitet als unter Frauen (abgesehen von Dirnenkreisen), entzieht sich auch bei Frauen viel mehr der Beobachtung, ist unauffälliger, die Gefahr der Verderbnis durch Beispiel also geringer. Die innigeren Formen freundschaftlichen Verkehrs zwischen Frauen würden die hier zumeist bestehenden Schwierigkeiten der Feststellung des Tatbestandes und die Gefahr unbegründeter Anzeigen und Untersuchungen außerordentlich erhöhen. Endlich ist — wie schon in den Erläuterungen zum österreichischen StGB-Entwurf vom Jahre 1912 hervorgehoben wurde — ein wichtiger Grund für die Strafbarkeit des gleichgeschlechtlichen Verkehrs die Verfälschung des öffentlichen Lebens, die eintritt, wenn man der Seuche nicht nachdrücklichst entgegentritt. Die Wertung der Personen im öffentlichen Dienst und Wirtschaftsleben und ihre Leistungen, die Besetzung von Stellen aller Art, die Schutzmaßnahmen gegen Mißbrauch, das alles beruht auf der Annahme, daß der Mann männlich denke und durch männliche Beweggründe beeinflußt werde und entsprechend die Frau. Wenn auch das Bestehen einer Anlage nicht strafrechtlich bekämpft

---

[1] Das kommende deutsche Strafrecht, bes. Teil, Bln. 1936, 2. Aufl., Nr. 8. Graf v. Gleispach, Angriffe auf die Sittlichkeit

werden kann, so doch ihre Betätigung, die Möglichkeit hemmungsloser Hingabe an sie würde der Verbreitung der Seuche und die Vertiefung ihrer Auswirkung ganz außerordentlich fördern. Was früher Verfälschung des öffentlichen Lebens genannt wurde, kommt aber bei Frauen, bei der verhältnismäßig sehr geringen Rolle der Frau im öffentlichen Leben, kaum in Betracht."

Die Bestrafung widernatürlicher Unzucht unter Frauen ist beim erschwerten Tatbestand vorgesehen.

Diese Stellung wird auch durch die Erfahrungen in Rechtsprechung und Praxis gestützt. Dr. Klare selbst bringt dazu in seinem Aufsatz (Dt. Recht) eine lehreiche Gegenüberstellung aus der österreichischen Kriminalstatistik der Jahre 1924/1935. Daraus ergibt sich klar der zahlenmäßig recht geringe Anteil von Bestrafungen weiblicher Homosexualität im Verhältnis zur männlichen: auf insgesamt 5561 Bestrafungen von Männern fallen 136 von Frauen. — In der Praxis ist es nicht anders. Sachkundige haben bisher nicht die geringste Steigerung weiblicher Homosexualität feststellen können. Da sie verhältnismäßig wenig vorkommt und auf jeden Fall, wie Dr. Klare zugibt, ein nur schwierig zu verfolgendes Vergehen ist, würde nach seiner Meinung eine Strafvorschrift „nur auf dem Papier" stehen.

Vergehen müssen gestraft werden. Dies ist so selbstverständlich, daß man darüber jede Auseinandersetzung sparen kann. Welche großen Schwierigkeiten aber dabei auftauchen können und müssen, um den rechten Weg zu finden, das sollte an diesem kleinen Ausschnitt einmal gezeigt werden. Es steht auch darüber das Wort aus der Peinlichen Gerichtsordnung Karls V. von 1532, Art. 104, dessen jeder Gesetzgeber bei der Neuordnung von Strafbestimmungen eingedenk sein wird:

„auß lieb der gerechtigkeyt und umb gemeynes nutz willen."

In: Die Frau, 46. Jg, H. 7, 1939, S. 366-375

Lesben in der Nazi-Zeit

Marte X. ist vor einigen Jahren verstorben. Sie wurde 1906 geboren, war ausgebildete Tänzerin und arbeitete bis 1938 an der Deutschen Staatsoper, wobei diese Tätigkeit durch auswärtige Engagements unterbrochen wurde. Gelegentlich tanzte sie auch in dem Lokal „Die Zauberflöte", 1947 kehrte sie aus britischer Gefangenschaft zurück und heiratete 1949 ihren 18 Jahre älteren Ehemann, mit dem sie eine Josefsehe führte. Der Ehemann verstarb 1963.

Marte, in deiner Erinnerung, wieviele Lokale gab es so in den zwanziger Jahren in Berlin? Du bist Berlinerin, du hast hier in den verschiedenen Gegenden in Berlin gewohnt, was ist in deiner Erinnerung haften geblieben?

Andreasstraße, Elsässer Straße, da ober noch mal zwei, das sind schon fünf.

Kannst du dich an den Namen erinnern?

Namen führten die nicht, die Lokale, wo wir uns trafen, also gemischt, jung und alt zusammen. Wir kannten uns manchmal auch nicht, aber wir wußten, wir sind da gern gesehen.

Aber das waren Lokale für Lesbierinnen?

Nur Lesbierinnen, und die wurden immer von einer Frau geführt.

Gab es auch Lokale für Lesbierinnen, die von Männern geführt wurden?

Nein, das gab's nicht.

Was waren die Entrittsbedingungen damals, konnte man da so mir-nichts-dir-nichts reingehen?

Zum größten Teil ja. Also bezahlten mußte man, wenn man weiter rein fuhr nach Charlottenburg und Ku-Damm. Aber das sind wohl auch die Lokale, wo ihr auch nicht gerne hingeht.

Gab's die damals schon?

Die gab's auch schon. Das waren nicht reine Lesbenlokale, das war dann gemischt.

Da möchte ich dir noch erzählen, es gibt doch eine Zeitung „Meine Geschichte", die vom Pabel-Verlag. Und wie der Pabel-Verlag rauskam, war die erste Geschichte, die sie publizierten: „Hilfe, ich bin bisexuell". Und ich hab mir die Zeitung gekauft und hab sie gelesen. Und da hatten die dann noch geschrieben, also man soll Antworten geben darauf. Und da habe ich auch Antwort gegeben. Also sie wurde ja nicht mit Namen genannt, die Frau, sie war irgendwie 'ne Zeichnerin' oder sowas. Da hatte sie unter anderem geschrieben, sie hat ihre sehr feminine Freundin. Und das hat mich so furchtbar empört, was sie da schrieb. Schade, ich habe die Zeitung nicht aufgehoben, da schrieb sie, ja, sie hat die Freundin, aber sie gehen auch in die Lokale, da sind dann auch Herren und andere Damen. Und da geht sie dann hin, wenn es sie packt, nicht wahr, daß sie wieder 'n Kerl haben muß... Da hab ich ihr geschrieben, ob sie sich mal Gedanken darüber gemacht hat, wie ihre Freundin zumut ist. (...)

Die Lokale, wo wir hingingen, die sind aus eigener Initiative von uns gemacht worden. Wir haben die Lokale gemietet, für den und den Tag...

Habt ihr da so praktisch das Hinterzimmer gemietet für einen Tag in der Woche, wie manchmal ein Kegelclub ja auch das Hinterzimmer mietet und sagt, so jeden Dienstag ist Vereinstreffen.

Ja, so haben wir uns das gemacht.

Und vorne, das waren dann Frauen, die Besitzerinnen?

Da waren immer Frauen drin. Das war niemals so zu sehen, daß das überhaupt ein Lokal war. Nur so ein paar Treppen gingen da rauf. Es war ein großer kahler Raum, aber wir waren unter uns. (...)

Und getanzt haben wir.

Wieviel Frauen sind dann da so gekommen?

Na, das war ein großer Saal, das war ein sehr großer Saal... paar hundert bestimmt.

Marte, sind in den Lokalen oder Klubs auch Vorträge gehalten worden? Ich denke da an den Bund für Menschenrecht[1] oder an Magnus Hirschfeld[2]. Weißt du da was?

Nein, wenn wir da waren, dann war nur Tanzabend. Und wo waren denn eigentlich die Vorträge vom Hirschfeld? In den Sälen hat der sich nicht so gezeigt.

Waren die Vorträge da in seinem Institut „Unter den Zelten" im Tiergarten? Bist du da hingegangen?

Ja, da sind diese Vorträge gewesen, in den Zelten, da hast du mich auf die Idee gebracht. Da hab' ich sogar im Krieg, bevor ich dienstverpflichtet wurde, gearbeitet, in einem geheimen Büro.

Wie hast du denn davon erfahren, von dem Hirschfeld-Institut?

Durch unsere Zeitung.

Durch die „Freundin"[3]?

Ja, in anderen Zeitungen kam das ja nicht. Es war noch eine andere Zeitung da, aber ich weiß nicht, wie die hieß... Wenn irgendwie was war, stand es immer in der Freundin.

Marte, was hast denn du vom Hirschfeld gehalten, du hast mir ja vorhin gesagt, du hast dich mit ihm persönlich unterhalten? Was hattest du für einen Eindruck von ihm und was wollte er?

Er wollte nicht, ich habe ihn eigentlich gestellt. Und hab' ihm das gesagt, daß meine Schwester mich mit einem Mann verkuppeln wollte. Da sagt er, das nutzt nichts, in dir steckt das von Kindheit an, und du bist ja nie mit Männern zusammengekommen, im Ballett ja auch nicht.

Du hast ihm gesagt, daß deine Schwester dich da immer umkehren wollte?

Ja, und da hat er erzählt, das ist gar nicht möglich, das sei eine irrige Annahme. So wie die das heute immer sagen, sie sollen zum Psychiater kommen.

Und was hattest du für einen Eindruck von ihm?

Er war ein sehr, sehr guter Mensch, er war für alle da. Und irgendwie Gemeinheiten, die sie ihm angedichtet haben, das war bei dem nicht drin.

Was haben sie ihm denn für Gemeinheiten angedichtet? Wann war denn das...

Es ging ja um seine Sexualität, so wie es bei uns auch geht. Es waren ja auch Frauen da, die für uns eintreten wollten. Das gab's ja damals auch schon. Wer war denn das...

Die Lotte Hahn oder auch eine Anna Rühling hat mal gesprochen.

Ja, ich glaube, die hat 'mal in der Kommandantenstraße gesprochen. Aber wir hatten ja nicht viel Zeit, Olga war unterwegs. Wir mußten ja leben, unsere Wohnung war teuer. Wenn ich freiberuflich arbeitete, mußte ich ja alles bezahlen, die Ballettschuhe, wo du dir am Abend drei Paar anziehen mußt, und dann Trikots. Und den Tü-Tü, den kurzen Ballettrock, den hatte man immer.

Marte, was hat man über den Hirschfeld geredet, weißt du das noch genau?

Ihm wurde vorgeworfen, daß er für die Homosexualität eintrat. Irgendwie wäre das schädlich. Wir sind doch mit 'ner Schande behaftet, nicht?! Und das haben sie dann immer herausgebracht, daß er nur für die eintrat.

Wer hat denn das herausgebracht? In den Zeitungen?

Die Zeitung, und zwar war es... die Morgenpost war es nicht, die hat sich damit nicht beschäftigt, es war eine große Zeitung. Aber wo über Hirschfeld gesprochen wurde, sowas haben wir nicht gelesen. Wenn wir mit dem zusammen waren, dann sind wir mit ihm zusammen immer noch in irgendein Lokal gegangen, und da hat er uns so manches erzählt, was wir noch gar nicht wußten.

Hast du auch den Fragebogen damals ausgefüllt?

Nö, brauchte ich nicht.

Der Hirschfeld war ja auch ein politischer Mann. Hat er mit euch auch gesprochen?

Hat er auch gesprochen, politisch. Aber da wollte Olga gar nichts von wissen. Ich sagte, neben deiner Musik kannst du. Nee, sagt sie, da vergeß' ich ja meine Musik.

»Männliche Frauentypen aus einem Berliner Lokal für gleichgeschlechtlich ge-richtete Frauen«, aus: Hirschfeld, Geschlechtskunde, Band 5

Hast du 'ne Ahnung, wer der Bund für Menschenrecht war und was der wollte?

Der ist für uns eingetreten.

Kannst du mir ein bißchen was darüber erzählen?

Weißt du, damals war die Zeit, wo man sich doch nichts so sagte, da haben alle so versteckt gewohnt, und auch unsere Lokale waren alle so ein bißchen versteckt, nicht wahr. Wenn wir in der ElsässerStraße getanzt oder da gesessen haben, oder auch mal Lieder gesungen im Kreis, dann war die Tür abgeschlossen, wie beim Blocksberg, und die Fenster waren heruntergelassen. Da wußte gar niemand, wer dort drin ist.

Hast du noch in Erinnerung, wann das ungefähr war?

Das war vor dreißig, Anfang der zwanziger Jahre, wo ich schon wußte, was mit mir los ist. Im Marmorhaus, da hab ich ja mal mit der E. getanzt. Das war das eleganteste Lokal damals. Da haben wir schönes Geld verdient. Da war auch mal ein Vortrag vom Bund für Menschenrecht. Aber da konnten wir nicht hingehen...

Weißt du, was für Leute das waren, der Bund für Menschenrecht, ob das Männer und Frauen waren, und was wollten die?

Die wollten für uns ein Recht haben, also daß wir uns freier bewegen konnten. Genau wie ihr das ja auch wollt jetzt. Das wollten die. Die Homosexuellen, die Männer, die wurden doch meistenteils bestraft. Moment mal, E. war lesbisch und von Tante K. ihr Sohn war homosexuell. Das ist rausgekommen, der hatte geheiratet auf Wunsch seiner Mutter... Der A. war das, das war ein hübscher Junge, der hat sich dann mit einem Freund zusammen getan. Der war auch in dem Bund für Menschenrecht. Der war vorher im Postdienst, und dann hat er ein Studium ergriffen mit seinem Freund. Und dann das Pärchen Dickerchen, die wohnten dahinten am Spittelmarkt. Die haben immer für uns gearbeitet. Der eine war Schneider, und der andere war Diplom-Kaufmann. Die lebten auch ungestört zusammen... Ja, und da an dem Platz, Dönhoff-Platz, da war auch ein Lokal, da war nur an den Tagen geschlossen, wenn die Lesben dorthin kamen. Und die warn natürlich aus dem vornehmen Viertel. Das war da alles vom Winterfeldplatz und aus unserer Straße und Viktoria-Luise-Platz, da waren noch viele Juden dann dabei. Die haben sich dort immer getroffen. Also die kamen eigentlich mit uns sehr wenig zusammen. Ich weiß nur eben von denen, daß die da auch gewesen sind.

Kann man denn sagen, daß es Lesbenlokale gab für vornehme Lesben und Lesbenlokale für einfache Lesben?

Ja, das kann man wohl sagen.

Du hast mir vorhin gesagt, daß da so Razzien waren, und dann später, nach '32, war' die SS oder Polizei oder was war das?

Die Nazis waren das. Das war noch nicht die SS, die SA.

Und du hast eine mal erlebt. Was ist da passiert, wenn du es erzählen kannst, dich noch erinnerst.

Ja, das war, wie wir noch in der Schönhauser Allee wohnten. Und da ist ein Vorbeimarsch gewesen. Wir wohnten so Hochparterre... und Olga natürlich, die mußte runtergehen. Ach, sagt sie, was kann mir denn passieren. Ich sage, ja ja, was kann dir passieren! Warum denn, sag ich, du weißt doch, wie das ist. Na, sie ist unten stehen geblieben. Dann kamen die mit den Fahnen da vorbei, und meine Olga stand nun so und hat zugeguckt. Da sind die auf sie zugegangen und haben ihr rechts und links ein paar Maulschellen gegeben, weil sie die Fahne nicht gegrüßt hat. Und dann kam sie hoch, heulend, ich sag, das schad' dir gar nichts. Du weißt doch, daß wir uns zurückhalten müssen...

Und sind die auch in die Lokale gegangen?

Die sind sogar in die Wohnungen gegangen. Wir haben gemacht, daß wir dort dann weggezogen sind.

Also wenn das dann in der Nachbarschaft bekannt war, dann sind SA-Leute in die Wohnungen gegangen?

In die Wohnungen gekommen, ja.

Und was haben die gemacht in den Wohnungen, Marte? Geräumt? Zertrümmert?

Ja, gekramt und gesucht. Wir sind dann nach der Bornholmer Straße gezogen. Das ist ja nun eine bißchen bessere Straße... Ich sagte, wir sind jetzt unseres Lebens nicht mehr sicher.

Und sind die auch in die Lokale? Warst du mal dabei, oder habt ihr euch mal unterhalten?

Nein, das haben wir nicht gemacht. Wenn wir uns unterhalten haben — immer hinter Schloß und Riegel! Das konnten wir uns nicht erlauben. Ich sag dir ja, es sind viele aus ihren Wohnungen rausgezogen und haben eine irgendwo versteckte, dreckige Wohnung genommen, bloß um für sich zu sein... Ich weiß das von der H.

Sag mal, sind auch manche von Berlin dann weggezogen?

Ja, das kam auch vor.

Und was ist mit den Lokalen passiert?

Na, die wurden geschlossen.

Und was für eine Rechtsgrundlage hatten die?

Gar keine. Es war eben so. Die Lokale wurden beschlagnahmt. So wie sie ja auch die Geschäfte beschlagnahmt haben.

Hast du mal erlebt, daß Frauen ins KZ gekommen sind oder schwule Männer, hast du das mal im Bekanntenkreis gehört?

Ja, von der L. T. Das war die Freundin von der M. Und deren Schwester war verheiratet — die ist ins KZ gekommen.

Aber, weil sie Lesbe war?

Die haben sie da irgendwo mal geschnappt mit 'ner Frau, und L. sagt, ich weiß ja gar nicht, was H. gemacht hat. Sie wurde ja auch ins KZ geschleppt, weil sie Jüdin war, wenn auch christlich verheiratet.

Das ist die, die dann wieder rausgekommen ist durch einen Zufall?

Die ist rausgekommen, aber ihre Schwester, die K., war weg, und ihr Schwager, der ist vergast worden, und ihre Tochter, die hat mal im Ka-De-We als Verkäuferin gearbeitet. Manches, hat man sich gesagt, darfst du so gar nicht behalten, sonst wirst du Zeit deines Lebens nicht mehr froh. Aber so an sich... Olga und ich... sind Hand in Hand über den Kurfürstendamm gegangen und Tauentzienstraße, wir wohnten ja da. Die ganze Gegend wußte, daß wir Freundinnen waren. Ich sag' dir ja, wie ihre Beisetzung war, Fehrberliner Platz da, Krematorium, die waren alle dabei.

Aber ich mein, so groß riskiert habt ihr nichts, daß ihr da irgendwas unterschrieben hättet oder so? Die Nachbarschaft, die war euch wohlwollend gesonnen?

Ja, darum ging's ja. Es hat ja niemand über uns gesprochen. Im Gegenteil, die waren alle sehr nett und gut zu uns, haben uns geholfen, wo sie konnten. Wir hatten darunter nicht zu leiden.

Marte, ich würd jetzt ganz gern mal so das Thema wechseln und nochmal auf die „Freundin" zurückkommen, wie du auf die „Freundin" gestoßen bist.

Ja, auf welche Freundin?

Die Zeitung.

Ja, wie ich da in das Lokal gegangen bin, da auf der Toilette, da hab ich die Zeitung gesehen, die wir unsere kleine Zeitung nannten.

Und du sagtest, 40 Pfennige hat es gekostet und war unter dem Ladentisch?

Ja, ich hab 40 Pfennig gezahlt und unter dem Ladentisch. — Die Männer hatten auch eine eigene Zeitung...

Marte, hast du auch an diesen Dampferfahrten teilgenommen? Ich hab mal in der „Freundin" gelesen, daß es Dampferfahrten gab.

Nein, da haben wir nie teilgenommen. Wir wollten nicht und konnten ja auch nicht.

Weshalb wolltet ihr nicht?

Weil Olga doch immer Angst hatte. Denn in einer Kapelle, da sind doch immer nur Männer. Und da hatte sie Angst, daß die sie mal anranzen, obwohl die ja auch alle nicht so astrein waren. Die Musiker nicht, genauso wenig wie in der Oper die Tänzer. Mehr wie heute, das möchte ich sagen. Heute sind gar nicht so viele Homosexuelle unter den Tänzern wie damals.

Marte, du hast vorhin gesagt, die Olga hast du durch eine Annonce kennengelernt. Wie ist das so vor sich gegangen? Hast du da hingeschrieben, oder wie hat man das gemacht?

Sie hatte eine Annonce reingesetzt. Sie wollte wieder eine nette Freundin haben... Und da hab ich ihr hingeschrieben, also ja, ob ich lieb und nett bin, weiß ich nicht. Und das hat ihr so imponiert. Die war gleich da, hat mich dann mitgenommen in ihre Familie. Und der Vater hat mich dann so richtig begutachtet und der hat dann gesagt, ja, jetzt hast du mal einen Menschen, der ehrlich und anständig ist.

Marte, was für ein Gefühl war das damals, die „Freundin" zu kaufen?

Mit Angst haben wir die gekauft. Und wir mußten sie ja immer alle verstecken. Denn wenn irgendwie mal etwas Anstößiges war, in dem Ensemble, mußten wir gehen. Wir waren Lesben, und man wollte uns nicht weiter beschäftigen.

Wie würdest du dir heute eine Zeitung für Lesbierinnen wünschen, oder sagen wir mal, eine Zeitung für ältere Lesbierinnen?

Also eine Zeitung für ältere Lesbierinnen, da möchte ich sagen, daß die ein bißchen mehr auf die Älteren eingeht und auf die einfachere Leserin. Denn sieh mal, in unserer Zeitung hier, da steht so vieles, wo eine einfache Lebierin nicht weiß, was sie damit anfangen soll. Die Frauen, die hier angegeben werden, die kannten die ja gar nicht. Die habt ihr erstmal rausgebuddelt. Und wenn du da mal eine Umfrage stellst, dann werden sie dir bestimmt dasselbe sagen wie ich. Ich bin nun weit in der Welt rumgekommen, aber damit habe ich mich nicht beschäftigt. Ich mußte daran denken, mich zu pflegen, meine Tänze. Zweimal in der Woche Training, und dann dachte ich immer an meine Stimme. Ich wußte ja, einmal mußt du aufhören... Und nachher war es so wunderbar, daß ich auch singen konnte. Das war für mich so: was kannst du noch machen. Und auch das Schreiben, wie ich merkte, ich kann schreiben! Weißt du, so Dichtungen zur Hochzeit und zum Geburtstag und alles so. Solche Sachen hab' ich dann geschrieben und hab' da so ganz gut eine Reise damit gemacht.

Anmerkungen

1. Der »Bund für Menschenrecht« war in der Weimarer Zeit die größte Schwulenorganisation, der auch Frauengruppen angehörten (z.B. »Damenclub Violetta«).

2. Magnus Hirschfeld (1868-1935) war Sexualreformer und Schwulenorganisator, der ausgesprochen frauenfreundlich war. Er starb in der Emigration.

3. »Die Freundin« war eine sehr bekannte Lesbenzeitung, die vom Verlag Friedrich Radszuweit herausgegeben wurde, und zwar in den Jahren 1924-1932; 1927 wurde sie „wegen Jugendgefährdung" verboten.

(1975) Aus: Lesben-Ja-Buch, Dedendorf 1980

Otto Schoff, Tanzlokal am Berliner Bülowbogen; aus: Die Ehe, Monatsschrift für Ehe-Wissenschaft-Recht und Kultur; Berlin 1.12.1929, Nr. 12, 4. Jg.

»Da hab' ich jeden Kontakt zu Lesben verloren«

Gespräch mit Gerda Madsen

Gerda Madsen (Pseudonym) verstarb im November 1984 im Alter von 80 Jahren. Sie wurde in Hamburg geboren und lebte seit 1934 in einem kleinen idyllischen Städtchen in Schleswig-Holstein. Wir hatte uns Ostern 1977 kennengelernt, als die Gruppe L'74 nach Hamburg reiste. Gerda M., die die Zeitschrift UKZ abonniert hatte, war ebenfalls zu diesem Treffen gekommen. Von da an blieben wir in Verbindung, wir schrieben uns, und gelegentlich besuchte ich sie.

Gerda, du bist 76 Jahre alt.

Ja, schon gewesen. Ich gehe in das 77. Lebensjahr. Ich bin 1904 geboren.

Wie lange lebst du in R.?

Hier lebe ich seit 1950. Ich habe im Krieg schon einmal bei einer Firma hier drei Jahre gearbeitet. Damals lebte ich in L. Ich bin gebürtige Hamburgerin und bin 1934 aus Hamburg raus und blieb in der Provinz hängen. Einen Beruf habe ich nicht gelernt, wie das so üblich ist. Die Jungs lernen mit Ach und Krach einen Beruf. Ich sollte in Hamburg bei ganz hohen Herrschaften in Stellung gehen. Mein Vater war mal bei einem Grafen als Diener und der hatte solche Pläne mit mir. Das habe ich nicht gewollt und kam auch damit durch. Dann war ich ein Jahr lang in einer Buchdruckerei Anlegerin, also Hilfskraft. Da bekam man als Frau verhältnismäßig wenig Geld. Du weißt ja, wir werden schlechter bezahlt als Männer. Ich wollte damals auch so was wie die Buchdrucker und Setzer lernen, aber das stand seinerzeit überhaupt nicht zur Diskussion.

Und dann habe ich mich damals schon immer für Frauen interessiert. Man wird ja wohl dahin gestoßen, wohin man gehört. Ich lernte dann ein Mädchen in meinem Alter kennen, die sprach mich mal daraufhin an, auf die lesbische Sache.

Wie alt warst du denn damals?

Da war ich 19 Jahre alt, das war in Hamburg. Ich kam damals in einen kleinen Eisladen. Da saßen junge Leute, die spielten Karten. Der eine davon war mein Freund. Da kam dieses junge Mädchen dazu, sie wohnte im gleichen Haus. Das war ein Mädchen, das schon sehr viel erlebt hatte. Die war in der Jugendbewegung und war schon auf großer Fahrt gewesen. Das war das, was damals junge Leute unternahmen, wenn sie abenteuerlustig waren. Für dieses Mädchen habe ich mich wahnsinnig interessiert. Wir haben uns immer lebhaft unterhalten. Sie fragt mich eines Tages daraufhin, weil ich so ein Interesse an ihr hatte, ohne aber an Sexuelles zu denken. Sexualität war damals für mich noch ein Buch mit sieben Siegeln, aber Mädchen mochte ich schon leiden. Von mir aus bin ich nicht auf den Gedanken gekommen. Wenn ich es heute in der Rückschau betrachte, muß ich sagen, seelisch habe ich mich der Frau näher gefühlt als dem Mann. Es wäre vielleicht für mich noch ein größeres Erlebnis geworden, wenn die ganzen Intimitäten von mir aus selbst entdeckt worden wären. So bin ich mit der Nase drauf gestoßen worden, wie die mich fragte. Ich wußte gar nicht, daß es so etwas gibt. Da war ich Feuer und Flamme und habe mich sofort in sie verliebt, wie ich nun hörte, was es da für Möglichkeiten gibt. Sie war aber normal, hetero sagt man ja heute. Sie ging trotzdem ziemlich weit auf mich ein. Sie wollte mich im Griff haben und besitzen, wollte aber auch mit Männern Umgang haben.

Eines Abends gingen wir spazieren, da sagte sie, guck, hier ist ein Lokal, da verkehren nur Frauen. Da mußte ich in dieses Lokal. So bin ich auf die Sache gekommen. Sie hat dann später noch geheiratet und ein Kind bekommen.

Wie war denn das mit den Hamburger Lokalen? Kannst du mir davon erzählen? Wir wissen doch so wenig.

Das waren alles Lokale im Gängeviertel in der Nähe von Sankt Pauli. Das war ja das Schlimme. Im normalbürgerlichen Viertel gab es solche Lokale nicht. In St. Pauli sind die Amüsierviertel, da existieren die Lokale. Es waren ausgesprochene Frauenlokale. Ich kannte in der Wexstraße ein Kellerlokal. Es kamen allerdings auch Ehepaare. Von einem wurde ich aufgefordert, mitzufeiern und in ein türkisches Bad mitzugehen. Ich bin nicht darauf eingegangen.

Ich bin auch in die „Goldene 13" gekommen. Zwei Frauen betrieben die Restauration. Das war ein bißchen vornehmer. Ich kannte noch ein weiteres in der Traubenstraße, da bin ich aber nie gewesen. Dann waren noch zwei Bierkeller, die nur von Frauen besucht wurden. Die waren von der Sorte, die kamen und gingen. Rabeuß oder Beußen war noch so ein Lokal. Es mag wohl acht bis zehn Lokale für Frauen gegeben haben. Die Lokale waren nur für die untere Schicht. In diesen Lokalen verkehrten keine bürgerlichen Menschen.

Das waren Arbeitertöchter. Ich habe mir aber damals gesagt, so wie es diese Lokale für uns gibt, muß es auch Lokale in den guten Vierteln für Frauen geben, gerade in einer Großstadt wie Hamburg, wo die Damen aus der guten Gesellschaft verkehren.

Was habt ihr in den Lokalen gemacht?

Da haben wir nichts als getanzt. Da gab es Kapellen. Ein oder zwei Leute machten Musik.

Waren es Damenkapellen?

Nein, solche gab es vielleicht in Sankt Pauli, aber das waren dann Amüsierlokale für Herren. Im Vergleich zu heute war die lesbische Welt absolut unterentwickelt. Und Gruppen gab es damals überhaupt nicht. Natürlich trafen sich die Lesben privat. Die trafen sich in einer Wohnung. Heute hier, morgen da. Nach einem gemütlichen Abend sagte man, gehen wir noch zu Klara, die wohnt da oder da. Oder sie sagte selbst, kommt mal mit, wie machen noch ein bißchen weiter. Es waren kleine Gruppen. Aber solche Gruppen wie heute gab es damals nicht, so mit regelrechter Themenbearbeitung, das habe ich nicht kennengelernt.

Bist du damals mit dem „Bund für Menschenrechte" in Berührung gekommen?

Nein, bin ich nicht. Ich war damals schon ganz rot orientiert. Ich war Kommunistin, überzeugte sogar. Ich habe für die „Rote Hilfe" gesammelt. Das war das einzige, wo ich politisch tätig war. Deshalb habe ich keinen Kontakt zum „Bund für Menschenrechte" bekommen.

Dieser Verein war links orientiert.

Ja, aber sozialdemokratisch. Die Sozialdemokraten kamen seinerzeit nicht für mich in Betracht. Wir waren linker als die Sozis. Die Sozis waren für uns ein Tantenverein. Das ist aber alles vergangen. Wir waren damals Idealisten und haben nicht geahnt, welche Diktatur die sogenannte Diktatur des Proletariats beinhaltet, oder was heute daraus gemacht wurde.

Die Lokale blieben fast die einzige Möglichkeit zum Kennenlernen. Was ist da passiert?

Gerda (Mitte) mit Freundinnen, 1929

Da setzte man sich hin, schon mit jemandem zusammen. Ich hatte eine Freundin — wollte mich aber nicht binden. Wir gingen dann los, tanzten, forderten Mädchen auf. Wie man sich heute in einem normalen Lokal amüsiert, so amüsierten wir Frauen uns damals untereinander. Das waren keine Frauen, sondern junge Mädchen.

Keine älteren Frauen?

Nein, ich weiß nicht, wo die älteren verkehrten. Wir waren in etwa gleichaltrig. In einem Lokal, „Kasino", da saß immer eine ältere Dame, immer allein. Manchmal geriet ich an ihren Tisch, ich weiß aber nicht, ob sie lesbisch war. Ich habe sie daraufhin nie angesprochen. Heute sagt man „anmachen", früher sagte man „poussieren". Ich habe nie mit ihr „poussiert". Diese Frau war mindestens 60. Das ist die einzige ältere, die ich jemals in einem solchen Lokal gesehen habe.

Wie habt ihr denn Kontakt geknüpft?

Ganz einfach, man ist hingegangen und hat gesagt, „darf ich bitten". Wie in normalen Lokalen. Manchmal auch ein bißchen „geaugelt".

Hast du damals öfters gewechselt oder hattest du, was man heute sagt, eine „feste Zweierbeziehung"?

Ich habe viel gewechselt und hatte nebenbei aber immer auch so eine Art feste Beziehung. Ich war gebunden und nahm mir aber doch manche Freiheit. Und so ist es eigentlich mein Leben lang geblieben. Ich war ein Mensch, der Raum brauchte.

Ich bin oft mit Krach auseinandergegangen. Ich habe aber auch Erlebnisse gehabt, die sehr tief gingen und wo ich sehr unglücklich war, wenn es dann nicht „zu Pott und Schuhe kam". Ich war nicht immer eine lose Jette! Wenn ich nicht tief für eine Frau empfand, dann ging es so quer Beet.

Und wie lange ging das so?

Bis Hitler kam. Da zog man sich zurück. Wir waren ja eh rot gesonnene Mädchen. Da trafen wir uns nur noch privat und gingen nicht mehr in die Öffentlichkeit. Man zog sich instinktiv zurück. Ich war ja nicht Nazi und zog mich zurück. Man blieb unter sich, und auch das hörte auf.

1925 habe ich mich dann quasi mit einer Frau verheiratet: Wir sind zusammengezogen, haben zusammen Möbel angeschafft. Allerdings noch sehr primitiv, aber doch den Grundstein. Da war damals Arbeitslosigkeit. Das Mädchen war arbeitslos. Ich hatte auch keine Arbeit. Sie war Berlinerin und sagte, jetzt gehen wir nach Berlin. Ich hatte dann Schwierigkeiten im Zusammenleben mit ihr. Ich dachte mir, es ist gut, wenn sie nach Berlin geht, du kannst sie nicht einfach verlassen. Ich fühlte mich verantwortlich. Wir haben dann alles verkauft und gingen nach Berlin. Da bin ich dann 1931 wieder nach Hamburg zurück.

Hattest du in Berlin Kontakte auch zu anderen Lesben?

Ja, aber wir hatten wenig Geld. Ich habe einen großen Ball mitgemacht. Phantastisch. Nur Frauen! Ich weiß nicht mehr, wie die Straße hieß. Sie hatte einen großen Saal, es war Weihnachtsfest. Kinder waren da, die zu irgendwelchen Frauen gehörten. Ich war ganz begeistert. Ich hatte so etwas in Hamburg noch nicht erlebt. Ich wurde von älteren Frauen angesprochen. Ich war sehr zurückhaltend, weil ich kein Geld hatte. Das war schade, denn sonst hätte ich vielleicht noch besseren oder tieferen Kontakt bekommen. Da waren sicher so 80 - 100 lesbische Frauen. Es war ein großer Saal, und die machten Gesellschaftstänze. Es waren viele Paare. Ich fand das ja toll. Ich habe mich gewundert über die Menge. Das hatte ich in Hamburg noch nicht erlebt.

Du sagtest, 1931 seiest du wieder nach Hamburg und hättest dich dann so langsam herausgezogen.

Wen habe ich denn da als Freundin gehabt? Ich bin nie ohne Freundin gewesen. Es war Else M. Die habe ich an Sigmar verloren. Sigmar hieß er...

1931 kam ich zurück. 1933 kam Hitler. Ich hatte die Clique. Wir waren neun. Ich war die einzige Junggesellin, die anderen waren Pärchen. Die trafen sich oft im Gängeviertel. Da wohnte die eine. Sie hatte mich als ihre Freundin betrachtet, das ging bis 1933. Dann ist einmal die Sicherheitspolizei aufgetaucht im Viertel und hat Remmidemmi gemacht. Das war ganz schlimm. Ich war interessiert und wollte wissen, wie und was da vor sich geht. Ich dachte erst, daß die Menschen Remmidemmi machen, dabei war es die Sicherheitspolizei.

Ging diese Polizei in die Lokale?

Das weiß ich nicht. Es wurde auf einmal geschossen. Wir sitzen oben zusammen und wir sangen. Wir waren sehr vergnügt. Mit einmal hörten wir Schießerei. Wir sind ans Fenster. Da sehe ich einen Polizisten hinter einem Ascheneimer mit Karabiner im Anschlag. Ich beobachte die Lage und will in die Gruppe reinsprechen, da liegen die alle auf der Erde und sagen zu mir: „Lege dich hin, leg' dich hin!" Ich lege mich auch hin, weil die geschossen haben, wenn sich eine Gardine bewegte. Um dies zu vermeiden, hat man sich auf die Erde gelegt.

Das war die Gruppe, mit der ich von 1931 bis 1933 zusammen war. Teilweise politisch interessiert. Ich habe dir schon gesagt, ich war in der „Roten Hilfe". Dann kam '33. Ich weiß es nicht, jeder verkroch sich erstmal, weil man ängstlich war...

Ich wohnte mit meinem Bruder zusammen, um das Leben billiger zu gestalten. Da kam die Polizei zur Hausdurchsuchung. Die Polizei durchsuchte unsere Betten. Dann bekam ich eine Aufforderung und mußte ins Stadthaus, das war die Polizei. Da mußte ich zur Vernehmung. Was die mich damals gefragt haben, das weiß ich nicht mehr genau. Ich weiß nur, daß der Beamte mich hat laufen lassen. Es war ein alter Polizeibeamter. Er sagte, ich solle nach Hause gehen. Später wohnte ich bei einer Jüdin auf einem Zimmer. Ich wußte aber nicht, daß es eine Jüdin war. Das kam am Rande raus.

Da wohnte noch ein Mann und W., mein Bruder, hat sich mit ihm unterhalten. Da hatten wir wieder Hausdurchsuchung. Ich hatte viele Bücher, auch von Tucholsky. Da haben die dann im Tucholsky geblättert. Die hatten aber keine blasse Ahnung. Ich dachte, jetzt ist es zu Ende. Der legte den Kram aber weg, ohne Interesse. Dann sind die wieder abgezogen. Das waren meine Erlebnisse mit dem Anfang der SA.

Ich kam dann eines Tages auf das Arbeitsamt, und da sagte mir der Beamte, ich kriege meine Stempelkarte lange Zeit nicht wieder. Und dann fragte er mich, ob ich Arbeit haben will in I. Was weiß ich, wo das liegt! Er riet mir, die Arbeit dort anzunehmen, und sagte mir, nach meiner Rückkehr würde er mich sofort wieder vermitteln. So kam ich in die Kürschnerbranche. Da stand ich sozial und finanziell eine kleine Stufe besser, und dabei bin ich geblieben. Da habe ich aber jeglichen Kontakt mit lesbischen Frauen verloren.

Dann kam ja auch die Zeit, in der es sehr schwer war.

Ich habe mich dann auch sehr zurückgenommen. Ich hatte noch Kontakt zu einer verheirateten Frau, das hat mich aber sehr gestört, daß sie verheiratet war. Ich konnte nichts mit der Frau haben. Es war für mich unmöglich, eine Frau anzufassen, die verheiratet war. Da war der Mann dazwischen. Ich sah nur den Mann. Einige Hamburger Frauen haben mich noch einige Male in I. besucht. Die Frau hatte auch noch einen Hausfreund, nicht nur einen Mann. Dann wollte sie noch eine Freundin haben. Sie war sehr vital. Der Kontakt zu ihr bröckelte aber langsam ab.

Einerlei, ich war sehr unglücklich in I. Dann habe ich Kontakt bekommen zu einer Frau, die nicht gerade auf den Strich, die ging aber viel in Lokale, wo Handelsvertreter waren. Das war noch vor dem Krieg, das war 1935, 1936. Mit der wollte ich ein Verhältnis anfangen. Die wollte ich zur ruhigen Frau machen und kaufte ihr auch eine Nähmaschine. Dann habe ich ihr vorgeschwärmt, wir wollen eine Schneiderwerkstatt aufmachen. Das hat nicht gefunkt, die Frau ist nachher nach Leipzig gegangen. Du warst auf solche Frauen quasi angewiesen. Das waren Frauen, die wenigstens ansprechbar waren. Eine andere Frau anzusprechen, wagte man einfach nicht. Ich wagte es nicht, offen zu zeigen, in der Nazizeit. Ich arbeitete in einem Nazibetrieb, stell dir vor!

Gerda entscheidet sich dann, in der Provinz zu bleiben, weil man ihr eine Dauerstellung angeboten hatte. Die Jahre der

Arbeitslosigkeit hatten sie zermürbt und ließen sie diese Stellung annehmen, obgleich der Besitzer ein Nazi war. Später wird ihr noch eine Stelle in R., einem in der Nähe gelegenen Ort, angeboten. Sie zieht nach R. und nach einigen Jahren wieder zurück zur alten Firma. Hier bietet ihr der Besitzer sogar die Ehe an. Gerda bleibt aber ledig.

1939 habe ich eine Frau kennengelernt. Da wurde ich eingezogen, als der Krieg ausbrach. Alle Frauen der Umgebung wurden dienstverpflichtet in einer Munitionsfabrik. Sämtliche Frauen von I., auch die von Ärzten und Rechtsanwälten, mußten da arbeiten. Da habe ich wieder eine Freundin kennengelernt, mit der habe ich heute noch Kontakt; mit der H., die war echt viel jünger als ich. Die wollte eine ganz feste Bindung, ich mochte nicht, weil sie so jung war. Das ist immer so schwer im Leben einer lesbischen Frau. Ich habe nie gewagt, auf lesbischer Basis eine sehr jüngere Frau an mich zu binden. Ich fand die Verantwortung gegenüber einer jüngeren Frau zu groß.

Alles war ohne Lesbischsein und ohne Frauen. Ich habe aber die Frauen mit lesbischen Augen betrachtet. Ist ja klar. Ich ging dann nach Hamburg und versuchte, die lesbischen Frauen wiederzufinden. Es war aber nichts. Eine war umgekommen durch Bomben, von den anderen wußte man nicht, wo sie geblieben waren. Alles war zerstreut und durcheinander. Ich kam nicht dazu, irgendwelche Kontakte zu knüpfen.

Wie ging es nach dem Krieg weiter?

Nach dem Krieg strömte alles in die Provinz. Da habe ich dann die Brigitte kennengelernt. Sie war eine Tänzerin, wollte eigentlich nach Hamburg und landete in I. In I. machte sich eine Theatergruppe auf, zusammengeströmt aus allen Ecken Deutschlands. Da war Brigitte dabei. Ich hatte durch meinen Beruf Pelze, und darauf waren die Leute verrückt, auch für Aufführungen und zum Tauschen. Die Frau, die die Brigitte mit nach I. gebracht hatte, war eine große Schwarzmarkthändlerin; die verstand es, den Bauern Pelze gegen Lebensmittel zu tauschen.

Wir waren daran interessiert, Pelze gegen Lebensmittel zu tauschen. Mein Chef mochte gern Theaterleute und lud sie ein. So lernte ich die Brigitte kennen. Ich habe sie zuerst überhaupt nicht beachtet. Ich dachte mir, na schon wieder dieses Schwarzmarktvolk. Ich war sehr verbissen und unglücklich damals. Ich saß einfach fest. Ich war zu abgeschlossen und verfahren. Beim zweiten Treffen hatte sie sich zurecht gemacht. Todschick. Schon die Hemdbluse, weißt du! Sie hatte sich so angezogen, daß ich stutzig wurde. Na ja, du weißt ja, wie man so Blickkontakt aufnimmt. Da fiel es mir wie Schuppen von den Augen. Was ich dann in einigen Wochen erlebt habe, ist unbeschreiblich. Ich war wie in Trance.

Du warst ja auch viele Jahre allein gewesen. Ohne Kontakte.

Ohne Kontakte in dieser Richtung. Ohne alles. Ich versuchte, mich mit den unmöglichsten Schritten im normalen, bürgerlichen Leben einzurichten, und es gelang mir nicht, ich hatte ja die Spur nicht. Ich bin dann wie auf Wolken geschwebt. Ich war gar nicht ganz bei mir. Die war charmant. Aber, wo viel Licht ist, ist auch viel Schatten.

Wie lange wart ihr denn zusammen?

Bis sie sich das Leben nahm. Das ist gewesen 1972. Wir haben nicht zusammen gelebt, aber wir hatten immer Kontakt. Sie hat später noch einmal geheiratet. Sie hatte noch eine andere Freundin. Sie wechselte auch. Sie zog Menschen an.

Gerda hat nur Kontakte zu heterosexuellen Frauen in ihrer Umgebung. Erst durch die Frauenbewegung gelang es ihr, Kontakte zu anderen Lesbierinnen zu knüpfen.

Ich war überglücklich über die Frauenbewegung. War Feuer und Flamme. Ich fing an, wieder intensiver zu leben. Ich war nie ein Trauerkloß, Lebensverachter. Ich fand das Leben wieder sehr viel reicher und lebenswerter. Vorher war ich doch recht einsam. Das hat sich geändert, obgleich ich mir sage, so einen Kontakt mit einem gewissen Flair werde ich wohl nicht mehr bekommen, weil ich einfach doch schon zu alt bin.

Nach unserem Gespräch korrespondierten Gerda Madsen und ich noch einige Male. Ich möchte noch einiges aus ihren Briefen nachtragen.

Gerda denkt viel über die Nazizeit nach. Es fällt ihr aber schwer, darüber zu sprechen. Sie ist der Meinung, daß die Menschen gar nicht aus der Geschichte lernen wollen. Sie meint auch, daß ihr Leid, gemessen an dem, was passierte, klein ist.

Ich hatte Schwierigkeiten beim Versuch, in der Nazizeit mich in die „normale", d. h. heterosexuelle Welt zu integrieren. Ich kann heute noch nicht ohne tiefe Emotionen, die bis zum körperlichen Schmerz gehen, auf Naziuniformen und Enbleme und dergleichen schauen.

Wie unbedeutend, ja fast lächerlich fing es mit den Nazis an. Meine Überzeugung geht dahin, daß die Schuldigen am „Nationalsozialismus" das Großkapital war. Wie hätten die Nazis in ein paar Jahren die Macht reell erarbeiten können. Großkapital, der Spießbürger, teilweise die SPD, also auch Proletarier aus Unwissen und politischem Unverstand.

In den 12 Jahren Nazizeit ist der Mensch derart geschändet, viehisch behandelt, verhungert, vergast, erschlagen, gequält, rechtlos ausgesetzt gewesen, den niedrigsten tierischen Instinkten. Wie kann ich dann meine kleine Geschichte meiner Schwierigkeiten, meines Ekels, meiner Traurigkeiten und Verzweiflung erzählen? Ilse, ich lebe. Habe nicht gehungert, bin sogar, wie man heute sagt „auf die Füße gefallen".

Dein Großvater hat bestimmt ungeheures Elend mit ansehen müssen, ohne helfen zu können! Wollte er nicht das eigene Leben unausdenkbaren Schändungen aussetzen. (Mein fast 90jähriger Großvater erzählte mir kürzlich, daß er als Eisenbahner die Züge mit den Transporten jüdischer Menschen teilweise begleiten und abfertigen mußte. Den Eisenbahnern und den Juden war gesagt worden, sie würden über Polen, Rußland/ Sibirien nach den USA gebracht werden.)

Der Faschismus war so organisiert, daß es kein Entrinnen gab.

Keine Offenheit, keine Zweifel, keine Kritik, nichts, nichts — nur bedingungsloses Hinnehmen angeordneter Verhaltensregeln, vorgeschriebener Denkmuster. Die sogenannte „Volksgemeinschaft" war gespickt mit kommissarisch bestellten Obmännern, reichten die freiwilligen nicht aus. Sie waren nicht uniformiert, taten wie ich und du ihre Arbeit, liefen mit langen Ohren durch die Gegend, trauten sich selbst und ihrem Nebenmann nicht. Man wurde beobachtet und wußte es nicht. Ich habe hier in R. in meiner Firma unseren Prokuristen als Obmann erlebt, aber wußte nicht, daß er einer war! Das habe ich erst erfahren, als der Krieg vorbei war.

Und wie oft habe ich ihn auf den Arm genommen wegen seiner Parolen, wie oft ihm widersprochen, ihn so richtig in Schwung gebracht. Er kam immer wieder gelaufen, sich mit mir politisch zu unterhalten. Ich habe natürlich nie Flagge gezeigt, obgleich ich nicht wußte, daß er Obmann war. Das Büro jubelte, wenn er schließlich auf seinem Platz blieb. Madsen, guut, guut, flüsterten mir die jungen Mädchen zu. Kannst dir denken, das war Musik für mich, klang süß in meinen lesbischen Ohren... Mein kleines Elend ist ähnlich zigtausendmal durchlebt, und schlimmer, da bin ich sicher. Ich bin auch der Meinung, daß sich aus der Geschichte nichts lernen läßt... Ich denke an den Atom-Mist, die Kernkraftwerke, die jugendlichen Arbeitslosen...

(1980) Aus: Courage 6/1981

Die »Goldenen Zwanziger« in Berlin
— von unten gesehen
Brief von G. M.

Herzlichen Dank für Deine Briefe!

...Ich war ein Jahr in B., '29 - '30 oder '30 - '31. Letzteres wird stimmen. Ilse, ich weiß es nicht mehr genau, wie es eigentlich richtig war, nur eines weiß ich: es war schlimm! Keine feste Wohnung, anfangs kein festes Geld (Unterstützung oder Arbeit). Man wollte mir das Fahrgeld geben, damit ich wieder nach Hamburg kommen kann. (Ich fuhr nach Berlin, um meine Freundin in der Nähe ihrer Familie zu wissen. Ich hatte die stille Absicht, mich von ihr zu trennen. Sie hatte mir in Hamburg den Umgang mit früheren Bekannten (Frauen) nicht erlaubt; mich gezwungen, unsere Wohnung mit ihr zum Zeitpunkt des zu erwartenden Besuchs (mehrere Frauen) zu verlassen. — Ich kenne den Grund nicht. Ich fällte für mich lebenswichtige Entscheidungen allein, ging Streitereien weit aus dem Weg — sie führen zu nichts — ich finde, jeder soll nach seiner Façon selig werden, nur ich ziehe meine Konsequenzen, das ist dabei unerläßlich. — Lasse aber einen Menschen, der mir nahe stand und steht, nicht im Regen stehen. Als ich mich später eines Tages allein fand (sie heiratete einen Freund ihres Bruders), war es sehr schmerzvoll, ich habe Kraft gebraucht, allein zurückzubleiben. Fuhr dann allein zurück nach Hamburg.)

Wir wohnten anfangs irgendwo in einer Laubenkolonie, wo ihr Vater sowas wie eine Sommerwohnung hatte. Brauchten und konnten auch keine Miete zahlen. Wir fuhren vom schlesischen Bahnhof und mogelten uns immer so ohne Fahrkarte durch. Dann konnten wir in einer Wohnung eines homosexuellen Mannes (ein Freund ihres Vaters) am Bülowufer unterkriechen (in der Küche).

Die Wohnung war total verdreckt, ich sah mich nicht veranlaßt, klar Schiff zu machen, hielt nur die Küche sauber. Wir kochten nicht, gingen für je 20 Pfennig in eine Wohlfahrtsküche essen. Hielten zwei Mahlzeiten am Tag. Lagen bis mittags im Bett.

Dann bekamen wir über ihren Vater „Arbeit" — *Malerdreck* beseitigen, in einem Filmbüro in der Friedrichstraße. Das war eine Schufterei für uns hungrige Menschen. Die Malerarbeiten machten Laien, ihr Vater war dabei, die sahen sich überhaupt nicht vor! Die größte Schweinerei und nun man los, das mußte geschafft werden, ums Geld waren wir glücklich!!!

Es ging auf Weihnachten, über dieses Filmbüro bekamen wir dann noch die Arbeit, in einem Film als Publikum mitzuwirken. Nachts 4 x! Und ein paar Tage vor Weihnachten!!! Inzwischen war meine Unterstützung von Hamburg angelaufen, und wir konnten uns endlich ein Zimmer nehmen. Mit zwei Betten, sauber usw. Nur Wanzen gab es da. — Das war damals jedenfalls keine Seltenheit! *In Berlin* —

Nun hatten wir ein paar Groschen, etwas Kleidung wurde gekauft, und dann mein sehnlichster Wunsch — wir konnten einmal „ausgehen". Ganz, ganz bescheiden! Ich kaufte, sooft (selten!) ich konnte, „Die Freundin". Darin waren Inserate, wo und was los war. So haben wir einen Weihnachtsball eines Vereins lesbischer Frauen für ein paar Stunden besucht. Ein ganz großer Saal mit Bühne. Musikkapelle (ich weiß nicht mehr, ob Männer- oder Frauenkapelle). Kinder waren auch dabei, die beschert wurden. Man sprach uns auch an. Doch ich war sehr, sehr zurückhaltend, wußte, es ging nur dieses eine Mal. Sonst fehlte uns das Geld.

Wir sind dann noch einmal in der Bülowstraße in einem schwulen Lokal gewesen. Für ein bis zwei Stunden. — Das war alles.

Du glaubst ja nicht, wie knapp die Kasse war, ich fühlte mich oft gar nicht mehr zur Menschheit zugehörig, und doch, es ging Millionen so wie uns. Sieben Millionen Arbeitslose gab es. Jeder Groschen war berechnet. Wie verzweifelt, wie sinnlos, wie mutterlos, war ich oft. Einmal sowieso diskriminiert, als

Homosexuelle, zum anderen ohne Arbeit, ohne Einkommen fürs Nötigste, dazu mit Frau; mit dem Kopf gegen die Wand rennen, danach war mir oft zumute.

Aus der Nazizeit kann ich in Bezug auf „homo" nichts berichten. Ja sicher — ich hatte eine „Liebelei", wenn Du so willst, das war im Herbst 1939. Das war in einem Munitionslager, wohin sie und auch ich verpflichtet waren. Gleich zwei Tage nach Kriegsbeginn. Darüber habe ich Dir schon Näheres geschrieben. Dann habe ich Dir auch erzählt, daß ich gleich nach der Machtübernahme der Nazis 2 x Hausdurchsuchung hatte und 1 x zum Verhör ins Polizei-Präsidium mußte. Was man mich fragte? Ich weiß es nicht mehr. Ich weiß nur genau, daß ich ziemlich sicher auftrat, nicht verängstigt war. Wahrscheinlich in grober Unkenntnis, sehr, sehr nahe am Hexenkessel zu sitzen!!! — Auch war ich wohl ein sehr winziger Fisch an der Angel, man war noch nicht auf die Massenlager eingerichtet, die es dann später gab.

Leben in der Provinz und das Nazi-Regime fielen für mich in etwa zusammen. Jahre hatte ich in Lauerstellung zugebracht, meinem Leben eine andere Richtung zu geben. Insbesondere beruflich. Auch wünschte ich mir andere Frauenbekanntschaften, als sie mir z. Zt. zugänglich waren. Aber die Wende kam erst sehr spät, nach der Nazi-Zeit, um 1950.

…So gefährdet wie die Männer (§ 175) waren wir Frauen doch nicht. Mir ist nichtsdergleichen bekannt geworden. Hingegen von Männern ja! — Natürlich konnte man als Homo-Frau nicht offen leben — das wußte man selbst sehr genau. Aber in einem gewissen Sinne lebte ich doch offen, wie viele andere Lesbierinnen auch, nur man sprach *nicht* offen darüber. Man tat es, fertig. In der Öffentlichkeit zärtlich zu sein, ging nicht; sah ich es bei „Normalen", war ich oft neidisch und wütend, es hätte ja alles tiefer ausgelebt werden können auf unserer Seite. Aber das ist heute wohl noch so wie eh und je???

Im Grunde genommen ist es ein „tragisches Schicksal", lesbisch zu empfinden. Aber das ist Dir bekannt, Du wirst es auch so empfinden.

Die Weimarer Zeit kulturell zu beurteilen, dazu war ich noch zu jung. Ich persönlich hatte und durchlebte ein Gefühl der Freiheit, die wilhelminischen Zöpfe waren gefallen, die Meinungen und Ansichten der Eltern galten — für mich jedenfalls — nicht mehr. Oder nichts Entscheidendes mehr. Nur aus Höflichkeit hörte ich zu und versuchte, mir meinen eigenen Reim zu machen. Merkwürdig — ich war links gesonnen, oder was ich dafür hielt. Die SPD hatte Kriegskredite mitbewilligt im 1. Weltkrieg, das allein war schon ein großer Stein des Anstoßes. Wie konnte eine Arbeiterpartei Geld für den Krieg mitbewilligen?...

...Seinerzeit galt es als „schick", sich gegen den moralischen Zwang des Kaiserreiches zu geben. Es galt als schick, schwul zu sein, oder so zu tun als ob. — Es galt als „modern", für freie Liebe zu sein, was immer jeweils darunter verstanden wurde. Erst heute, nach dem 2. Weltkrieg, lebt die junge Welt zusammen, ohne vorher zu heiraten. Das gab es seinerzeit nur im Ansatz... Weimarer Zeit? Was für eine Zeit war das? Die fortschrittlichen Kräfte wurden von den restaurativen Kräften immer wieder gebremst und zu Fall gebracht. Die bürgerliche Welt wollte gewissen Vorrechte aus der Kaiserzeit nicht aufgeben, wollte partout die Zöpfe pflegen. Genau wie heute!!! Höre Dir an, den Kohl und Genossen, höre genau hin, die Sinnverdrehungen, die Wortklauberei von „Selbstverantwortung", wohl das schlimmste Wort im sozialen Bereich. Wie sich die Zeichen doch gleichen! Ich könnte noch manchen Satz schreiben, aber es bliebe ein Im-Kreis- sich-drehen. Und Dich interessiert doch Thema 1, „die lesbische Welt".

(1982) Aus: Lesbenstich 2/1983

Interview mit Branda

In den letzten Jahren erschienen verschiedene Publikationen, die über das lesbische Leben in der Weimarer Zeit informieren (wie z. B. „Lila Nächte"). Es entsteht beim Lesen der Eindruck, daß es damals furchtbar einfach gewesen sein muß, in einer Großstadt wie Berlin lesbisch zu leben. Alles gab es: Zeitschriften, Romane, politische Vereinigungen und Lokale.

Wenn man sich aber genauer mit dieser Zeit auseinandersetzt, so zeigt sich, daß der lesbischen Subkultur mit genauso viel Ambivalenz wie heute begegnet wurde. Auch damals legte der Großteil der lesbischen Frauen Wert darauf, nicht erkannt zu werden, beruflich Erfolg zu haben und diesen — oftmals unter großen Mühen erworbenen — Erfolg nicht zu gefährden.

Das folgende Interview wurde im Sommer 1982 mit der ehemaligen Krankenschwester Branda gemacht. Branda ist ein Pseudonym, das sie sich selbst gab. Das Interview selbst befaßt sich mehr mit der Mühe, eine unabhängige Existenz zu erlangen. Denn nur eine solche Existenz gab die Sicherheit, nicht von der Freundin getrennt zu werden.

Im Krankenhaus lernte Branda ihre Freundinnen kennen. Die 'Beziehungen' mußten geheim gehalten werden. Frauen, die eng miteinander befreundet waren (ob lesbisch oder nicht), wurden systematisch durch Versetzungen getrennt.

Branda ist heute über 70 Jahre. Infolge der Misere nach dem ersten Weltkrieg konnte sie erst mit 24 eine Krankenschwester- ausbildung beginnen. Sie hatte das Ziel, selbständig zu werden. Aus diesem Grund begann sie — neben ihrer zwölfstündigen Berufstätigkeit als Krankenschwester — eine weitere Ausbildung als Masseurin, und als sie endlich eine kleine Praxis eröffnen konnte, brach der zweite Weltkrieg aus.

Von den Versuchen, mit der lesbischen Subkultur in Berlin um 1930 in Kontakt zu kommen, berichtet der folgende Abschnitt des Interviews:

Bist Du in der Weimarer Zeit auch in Lokale gegangen?

Da hat mich eine Frau mal mitgenommen. Nee! Ich gehe auch bis heute noch nicht hin!

Wie war es da in so einem Lokal?

Ich habe mich so unwohl gefühlt, ekelhaft geradezu. Wir dachten, jeden Moment geht die Tür auf, und die Sittenpolizei kommt rein.

Was ist denn da passiert, das dich so schockiert hat?

Ja, erstensmal. Das war ein Kabarett. Da kam die rein. Sie sang: „Mir verschließt du dein Zimmer, nicht dem Hans, nicht dem Franz. Mir verschließt du aber dein Zimmer." Ich habe gedacht, um Gottes Willen. Ohne mich. Das hätte ich nie gekonnt. Da war ich jung, ein vollkommen unbeschriebenes Blatt.

Wie alt warst du denn damals?

Da war ich auch schon 23. Da kam meine Freundin zu mir: „Mensch, du bist doch ein Berliner Kind, du kannst doch nicht als Provinspflanze hier rumlaufen. Du mußt doch wenigstens wissen, was es gibt." Und da hat sie mich mal hingeführt. Und dann kam die (die Sängerin — I. K.) ran zu mir. In Frack und Zylinder kam sie auf mich zu. Ahh, ich bin gleich zurückgeprallt. O je!, sagte die. Die lachten sich an. Ich fand dies so furchtbar.

Wo war dies?

Monokelbar.

Die ist bekannt.

Die andere war die Geishabar.

Die ist auch bekannt.

Da war es nun etwas anderes. Aber in der Monokelbar, da war ja alles, quer durch den Garten. Ich habe gesagt, Mensch, laß mich bloß nach Hause gehen. Ich kann es nicht aushalten. Ich kann dir das nicht sagen, was das ist. Es ist ein Fluidum da, wo ich mich ganz unglücklich fühle.

Hast du dir damals auch die Zeitungen gekauft?

„Die Freundin".

Die hast du dir gekauft?

Ja. Ich habe sie zum erstenmal gekauft, wo ich sie gelesen habe. Dann habe ich sie mir dort gekauft, wo ich unbekannt war. Na, am Kiosk, wo mich keiner kannte.

Am Bahnhof?

Wo man sie gerade mal sah. Und dann kamst du dir vor, als hättest du eine Bombe in der Tasche. Und dann habe ich sie sonstwo gelesen. Auf dem Klo! Wo dich keiner gestört hat, habe ich sie gelesen. Und in die Bluse gesteckt, damit sie keiner sah.

Hast du die Zeitung regelmäßig gelesen?

Nee, die kostete ja 50 Pfennig. Das war ja doch viel. Ich habe dann mal ein Gedicht gemacht. Es hieß „Wer kann Tränen stillen". Das habe ich dann hingeschickt. Das haben sie dann auch genommen. Und dann haben sie es gleich auf die erste Seite gedruckt, mit meinem vollen Namen. Dann kriegte ich Gewissensbisse. Dann habe ich hingeschrieben, sie sollen es wieder rausnehmen, das haben sie auch gemacht. Da habe ich gedacht, damit habe ich nichts zu tun.

In welchem Jahr war das mit dem Gedicht?

Ach Gott, das war an sich, als die mit der Mutter zusammen war. Und die alte Freundin hatte. Aber die Mutter hat nichts ausrichten können. Die sind doch zusammengeblieben bis ich also. Du kannst nichts ändern. Die Anziehung. Die sind zusammengeblieben bis die 'Alte' tot war.

Wann war das, als du dir die Zeitung gekauft hast?

Das war noch vor Hitler.

Hast du sie dir über mehrere Jahre hinweg gekauft?

Ach wo, nur gelegentlich mal. Dann habe ich von der Radclyffe Hall „Quell der Einsamkeit" gelesen. Ich habe Blasen geheult. Ich habe das Buch nochmal gekauft. Das ist natürlich stark revidiert. Das erste, was da rauskam, war ein Skandal. Und so weiter. Ich habe Blasen geheult. Da habe ich mich so richtig wiedergefunden. So war das. Aber wie gesagt, problematisch war mir die ganze Sache nicht. Ich fand das ganz natürlich.

Weshalb hast du dann geweint?

Na ja, ohne Geld, die eine komponierte, die andere — was weiß ich — war krank. Die anderen haben ihr was gebracht, weil sie nichts zu essen hatten. Die haben sich auch das Leben genommen. Die Misere, die da raus kam. Du mußt dir auch mal klar machen, der Mann sagt du heiratest mich, du erbst mal meine Rente. Und hast gesellschaftliches Ansehen. Da habe ich mir überlegt, was kannst du denn deiner Freundin bieten. Gar nichts! Das muß man sich mal ganz klar machen. Wenn ich mich selbständig mache und meine Freundin reinhole (in ein kleines Geschäft — I. K.). Es kam der Krieg dazwischen und alles wurde anders. Aber alles hat einen Sinn gehabt. Das war nicht nutzlos. Wenn man Jahre zurückblickt. Wenn ich heute so sehe, wie junge Menschen hingehen, wenn ich manchmal so lese, wie „Lila Nächte", die Bücher, dann denke ich, Mensch, wie ist das leer. Es ist für mich Wüste. Seelische Wüste.

(1982) Aus: Lesbenfront 18/1983

Zeitungsausschnitt von 1954
(Quelle unbekannt)

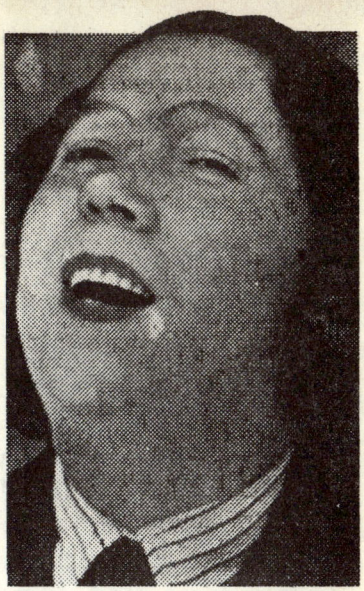

Großstadt mal anders rum

Wir verschwanden auch manchmal dahin, wo sich eine sehr gemischte Gesellschaft zusammenfand. Künstler von der Bühne wie Durieux, Paul Cassierer, Gertrud Eysoldt, Paul Graetz etc., die Frauen in der Überzahl, die Männer sehr vereinzelt, besuchten wir den „eingeschriebenen Verein" mit dem Namen Lotterieverein „Die Pyramide". Der Vorstand waren ältliche Dämchen in der Schwerinstraße, im Westen nahe dem Nollendorfplatz. Man mußte durch die Haupttore gehen, bis man ins verschwiegene Eldorado der Frauen kam, Entrée 30 Pfennig, vier Musiker mit Blasinstrumenten spielten die verbotenen Vereinslieder. Ein Saal mit Girlanden geschmückt, bevölkert von Malerinnen und Modellen. Von der Seine sah man bekannte Maler; schöne elegante Frauen, die auch mal die Kehrseite von Berlin, das verruchte Berlin kennenlernen wollten; und verliebte kleine Angestellte; und Eifersüchteleien gabs und Tränen am laufenden Band, und immer mußten die Pärchen verschwinden, um ihren Ehezwist draußen zu schlichten. — Zum so und so vielten Male ertönte im Laufe des Abends die berühmte „Cognac-Polonaise", die man auf dem Tanzboden vor sich zelebrierte. Bei dem unparlamentarischen Text sträubt sich meine Feder... Zwischendurch erscheinen mit großem Hallo begrüßt die Koryphäen der damaligen Zeit: die hinreißende Tänzerin Anita Berber und Celly de Reydt und die schöne Susu Wannowsky und ihre Korona. Jeden Montag stieg diese „Pyramide" in der Schwerinstraße um neun Uhr abends; es war das typische Berliner Nachtleben mit seiner Sünde und seiner Buntheit.

Aus: Claire Waldoff, Weeste noch?
Aus meinen Erinnerungen   *Düsseldorf - München 1953, S. 54*

Interview mit Gunda

Das Interview mit Gunda (Pseudonym) habe ich 1977 gemacht. Gunda ist heute 63 Jahre alt. Damals arbeitete sie als Krankengymnastin bei einem Berliner Bezirksamt. Der erste Teil des Gesprächs hat wenig mit dem Lesbischsein zu tun, Gunda schildert hier ihre Erlebnisse in der Kriegs- und Nachkriegszeit. Im zweiten Teil geht sie mehr auf das „lesbische Leben" ein, sie berichtet von ihren Freundinnen, wie sie diese kennenlernte, und sie berichtet von der Gruppe L'74, deren Mitglied sie einige Jahre war.

Wie ich lesbisch geworden bin?

Das ist mir selber ein Buch mit sieben Siegeln. Also, wenn ich jetzt zurückdenke, dann ist es öfter mal durchgebrochen. Ich habe die Erfahrung gemacht, mein Gott, es ist komisch, aber das habe ich immer überspielt. Meine Eltern waren sehr spießig, also gut bürgerlich, sehr gut bürgerlich.

Was waren die denn von Beruf?

Mein Vater war Beamter, stammten beide von Bauern her, und das war so urwüchsig. Was normal war, war gut und richtig und vor allem gottgewollt. O Gott, der liebe Gott. Er wurde dauernd im Munde geführt. Und wenn du nun das immer hörst, über Jahre, na ja. Wenn ich das irgendetwas bemerkte, mein Gott, das ist ganz angenehm, zum Beispiel war ja Krieg dann, das war, Moment, '41, '42, in Berlin fielen die Bomben, die Schulen wurden ausgelagert. Das hieß Kinderlandverschickung, wir sagten dazu: Kinder-leicht-verblödet, KLV. Na ja, ich war in der Nähe von Wien am Semmerling, da waren wir eine ganze Schulklasse, sechs in einem Zimmer. Da hatte ich schon einmal gemerkt, das ist irgendwo angenehm, dies und jenes, Berührungen, bissel frotzeln. Aber dann dachte ich wieder, mein Gott, das ist jugendlicher Blödsinn. Ich habe es nie ernst genommen. Dann nach dem Schulabschluß war ich in einer Hauswirtschaftsschule. Da gab's nur eines: Entweder mußte man ein Hauswirtschaftsjahr ableisten, das wurde natürlich gesteuert. Da kam man zu kinderreichen Familien. Die Väter waren meist Parteigrößen, na ja, vier, fünf, sechs Kinder, das war ja so üblich... Oder man konnte eine Hauswirtschaftsschule besuchen, das war mir viel lieber. Das gelang auch. Da war eine Lehrerin, die imponierte mir unheimlich. Wahrscheinlich beruhte das auf Gegenseitigkeit. Sie mochte mich sicherlich auch gerne. Aber es ist nie zu einem Austausch von Meinungen gekommen... Wir mochten uns beide schrecklich gern, aber dabei blieb's.

Ja und dann kam echt der Krieg, erst mal der Arbeitsdienst. Da habe ich keine spezifischen Erlebnisse gehabt, das war alles viel zu streng. In Mecklenburg, viel Bauernarbeit.

Man schlief abends, also kaum, daß man im Bett lag, im Strohsack. Es waren viele Abiturienten dabei, aus ganz Großdeutschland, den umliegenden Ortschaften... Also da war Schlesien und... und Ostsee und Nordsee und... na ja, es war alles dabei, kölsche Luder auch, wirkliche Jecken, es war alles rundherum. Na ja, und dann kam der Herbst, November '44, da hieß es, Munitionsfabrik, also deutsche Heimatflak. Das war sehr lustig. Das war eine sehr wunderschöne Zeit, so schlimm es war, es war wunderschön. Es war in der Nähe von Bremerhaven, Moment, Bremen und Vegesack in der Gegend, Lilienthal. Eine Stellung mit 14 Mädchen und 200 Landsern. Es war richtig nett, aber es passierte nichts.

Ah, die Bombem fielen dicke, von früh bis spät, gerade zu Ende des Krieges... Wir hatten jetzt die Funkmeßgeräte, ich saß an dem Apparat, und wenn die in Croydon bei London aufstiegen, hatten wir sie auf dem Bildschirm. Von da an hatten wir Gefechtsbereitschaft; also wir schliefen im Stehen, zuletzt, das war ziemlich fies. Und die Front kam immer näher, meine Großeltern, meine Eltern stammten aus dem jetzigen Polen, damals Westpreußen, um die Weichsel rum, Bromberg. Und alles war da überflutet, die kamen alle zurück, die ganzen Flüchtlinge, wir hörten ganz klammheimlich BBC und wir hörten die Rückzüge, hörten wirklich, was los war, uns wurde immer grauslicher. Ja, und dann kam April '45, die Tommies (= Engländer — I. K.) landeten, und bei uns hieß es dann: „Also ihr Mädchen...“

Übrigens, wir wurden gar nicht eingekleidet, wir hatten keine Uniformen der Nachrichtenhelferinnen, sondern wir blieben in Arbeitsdienstuniform. Es war gar keine Zeit dazu. Da hieß es dann, also, schmeißt die Uniform weg, wenn ihr Privatklamotten habt, zieht euch die an, wenn nicht, besorgt euch welche. Organisieren war ja groß geschrieben und also ab damit. Wir bekamen weder Geld in die Hand noch irgendwas, aber einen Urlaubsschein auf Abruf, den bekamen wir. Und die Jungs sprengten die Stellung, die Geräte, viele wurden gefangengenommen.

Und wir also ab, das war Anfang April, ich kam am 8. April nach Berlin. Das weiß ich genau, weil das ist meines Vaters Geburtstag. Und von da an bin ich bis zum 20. April dauernd in die Gegend gefahren, um noch Lebensmittel ranzuholen. Ich hatte ja einen Urlaubsschein auf Abruf. Damit konnte man Reichsbahn fahren, wunderbar. Da hatten wir Angehörige aus besagtem Warthegau aus

Werbeplakat der Wehrmacht 1941

100

der Gegend von Bromberg, die waren getürmt und schrieben uns Brandbriefe, holt um Gotteswillen Sachen ab, wir konnten das nicht einfrieren, nicht einsalzen, einkochen, das wird uns schlecht, holt euch das ab, bevor es hier verdirbt.

Also ich war dauernd auf Achse und holte das ran. Und das letzte Mal bin ich losgefahren am 20.4.45. Ja, und dann fuhr ich nach Norden, in die Gegend von Templin..., Mark Brandenburg, Richtung Mecklenburg. Und dann guckten die mich ganz blöd an, als ich wieder da ankam, ich fragte, warum denn. Ich meine, mir war unterwegs schon aufgefallen, daß so viel Tätigkeit war, so aus der Luft, und es wurde viel geschossen, na ja, es wurde immer geschossen, man hat sich dran gewöhnt. Mit einem Male guckten die, und da hieß es plötzlich, na ja, der Russe wäre durchgebrochen bei Bernau, und das ist ja nördlich von Berlin. Aber ich war noch nördlicher, in Templin, ja und ein Zurückkommen war nicht mehr möglich.

Was hast du dann gemacht?

Ja, da waren ja noch deutsche Verbände. Und ich war in Arbeitsuniform. Und da verbindet einen viel, Uniform verbindet, es ist wahr. Ich will es heute nicht mehr wahrhaben, aber es ist wahr. Damals war es jedenfalls so. Es hieß also, Mädchen, hierbleiben tuste nicht, komm mal mit. Aber es war eine Panzerspähabteilung, ein Panzerspähregiment da, und ich also mit. Der Chef war sehr enorm. Der hatte da Sprit gespart. Wir fuhren in Richtung Elbe... und Scheingefechte nach hinten, daß die SS uns nicht aufknüpfte, das war also üblich. Wie viele hab' ich da aufgeknüpft gesehen... es war grausig.

Die Erlebnisse damals haben dich sehr geprägt?

Ja, das kannst du wohl sagen, die ganzen Flüchtlinge, meine Großeltern gingen kaputt dabei. Mein Großvater ist echt verbuddelt aufgefunden worden, von meiner Großmutter keine Spur. Und was ich gesehen habe, war grauslich, abgesehen davon, daß ich einmal verschüttet war in Berlin, bevor ich zum Arbeitsdienst kam, in der Wohnung meiner Eltern. Meine Mutter schrie wie verrückt, ich kriegte die ersten grauen Haare dabei, da war ich 15. Na ja, und dann diese fürchterlichen Maßnahmen der SS, und was alles zurückflutete, die schwangeren Frauen, die kleinen Kinder, all das Elend. Auf jeden Fall kamen wir an die Elbe. Kurz davor, das war irgendwie ganz interessant, es war der 2. Mai, auf der östlichen Seite der Elbe bei Wittenberge. Und da hörten wir nochmal Funk und da wurde gesagt, also Adolf Hitler ist tot. Es war ganz komisch, alles war sich klar, das ist der Erzfeind, der hat uns in dieses Verderben gestürzt. Und da war plötzlich eine solche Mutlosigkeit. Kein Mensch hat geschrien „hurra", keiner von den Landsern. Es war ganz komisch.

Wir hörten dann zum Schluß, daß in Schöneberg (Berliner Bezirk — I. K.), wo ich damals wohnte, daß da Straßenkämpfe im Gange waren, daß sich die SS festgesetzt hätte und schreckliche Straßenkämpfe lieferte. Und dann ging es über die Elbe. An sich durften keine Privatpersonen rüber, aber wir hatten Uniformen, wie gesagt, und kamen auch rüber, aber die Uniformen wurden dann schön weggetan. Dann hieß es, die Mädchen werden auch in Gefangenschaft genommen. Das wollten wir nicht so gern, drum haben wir schnell Privatklamotten angezogen und haben eben die Männer als husbands (= Gatten — I. K.) ausgegeben. Es gelang uns wirklich, nicht in die Elbe wieder zurückgeschmissen zu werden. Meinen Revolver habe ich dann schnell in die Elbe geschmissen, bei Wittenberge. Und dann zu Fuß weiter, irgendwie über die Spargelfelder, südlich bis Thüringen bin ich dann gekommen, immer getippelt. Dann war es August inzwischen geworden. Am 2. Mai hatte ich gehört, daß in dem Wohnort meiner Eltern Straßenkämpfe im Gang waren, dann Pause, aber endlos Pause, dann die Gerüchte, die sind ja so schön. Es war wirklich schlimm in Berlin, aber die Gerüchte waren noch verrückter. Und da hielt ich's dann nicht mehr aus und bin zurückgekommen und war Anfang September wieder in Berlin und bin dann... fand meine Eltern lebend vor, gesund sogar, bissel verhungert, aber was soll's. Das Haus stand in Gerippen, und dann habe ich alles Mögliche versucht, bin dann Krankenschwester geworden, es gelang mir sogar, mein Schwesternexamen zu machen, hab meinen Mann kennengelernt...

Wie alt warst du denn, als du deinen Mann kennengelernt hast?

Warte mal, kleinen Moment... 21... enttäuscht, ausgelaugt. Ich war sehr aggressiv, sehr in Opposition zu allem. Wenn jemand sagte, daß es schwarz sei, sagte ich bestimmt, nee, das ist weiß. Du mußt dir vorstellen, wenn du nun auf diese ganze Zeit eingeschworen warst, innerlich, und dann kam dieser Spalt, Einschnitt, irgendwie warst du rausgeworfen, keine Illusion mehr, nichts mehr, da war alles weg.

Gunda, bist du noch auch in der Zeit, in der fürchterlichen Zeit, vergewaltigt worden?

Nein! Gar nicht!

Nicht, es sind ja sehr viele Frauen auch...

Ja, also, ich hatte unwahrscheinliches Glück, gar nichts, ich bin immer drumrum gekommen. Ich hatte mehrere Männerbekanntschaften, die mir mehr oder minder Zeitvertreib waren. Man war irgendwie mit von denen im Bund, hatte Uniform an, die anderen hatten auch Uniform an. Man gehörte dazu.

Ja, da hatte ich dann einen Vetter. Das war vielleicht auch ganz interessant, der mir als großer Bruder war. Ich war einzelnes Kind und mein Vetter... ich meine, die Schwester meiner Mutter, die war gestorben, und wir nahmen diesen Vetter so praktisch auf. Er wuchs so mehr oder minder als mein Bruder auf. Wir verstanden uns ganz enorm, aber ich habe durch ihn, wurde ich leichter, mein Elternhaus war so furchtbar triste. Und der war so ein bissel lustig, und das tat mir gut. Der hat mich oft rausgepaukt, wenn ich Unfug machte. Ich verstand mich mit meinem Vater sehr gut, mit meiner Mutter gar nicht. Als ich meinen Mann kennenlernte, da war meine Mutter so fürchterlich bürgerlich, wen hast du da? Arzt ist der, na ja, jut, ach, der ist noch nicht Arzt, ach, der hat noch nicht Examen, ach so, dann ist er also keen Arzt, und das '45.

Und dann hast du aus Opposition heraus deinen Mann geheiratet?

Du, das war gar nicht so sehr Opposition. Du mußt dir vorstellen, ich hatte also nur mittlere Bildung.

Mittlere Reife...

Heute technischer Zweig, aber ich war so hungrig, so wissensdurstig. Und da war nun jemand, der mir alles und jedes erklärte in einer Engelsgeduld. Im Gegenteil, der war froh, wenn ich fragte, fand es enorm, daß ich fragte.

Und wie war denn eure Ehe?

Hm! Man soll nie zu sehr lieben, man soll lieber da drüber stehen, ist meine heutige Meinung, damals habe ich endlos geliebt, geliebt, geliebt. War schlimm!

Und dann kam deine Tochter...

Hm. Die kam nach siebenjähriger Ehe, nach etlichen Aborti criminales, nach etlichen.

Wieso, wolltest du keine Kinder haben damals?

Es ging nicht. Als wir angefangen haben, er war Student, ich hatte gerade mein Schwesternexamen geschafft, und wir hatten zusammen 140 DM Reichsmark... Da leb' mal von. Es gab 100 Gramm Eipulver in der Woche. Aber noch schlimmer war das eigentlich, als es besser ging, da kam der Abfall der Niederlande von ihm. Vorher waren schon einige kleine Abenteuer, die ich nicht ernstgenommen habe, aber dann war es ernst... Ich war im sechsten Monat. Wir sind endlich auch aus dieser Laube, gegenüber von Buckow-II-Krankenhaus, da haben wir zusammen gewohnt, fünf Jahre, und ich friere immer so. Ich habe Durchblutungsstörungen von Kindheit an, die Kälte ist für mich gräßlich, und trotzdem haben wir dort gelebt, fünf Jahre, Sommer und Winter. Und dann ging es uns etwas besser, da zogen wir zum Kaiserdamm nach Charlottenburg. Dann wurde ich schwanger, nach meinem Krankengymnastik-Examen, ja und da war ich im sechsten Monat... Wir wohnten in einer zentralbeheizten Wohnung, Ilse, es war himmlisch. Ich sah dem Winter also richtig liebend entgegen, da mit Ofenheizung und Pumpe draußen und Klo über der Stiege. Und dann war ich im sechsten Monat, da hieß es, ja, ich habe jemanden kennengelernt, nimmst du das Kind, ich bezahle natürlich. Und krieg mal ein Kind unter diesen Umständen, wo du genau weißt, wohin der Alte geht. Es war ehrlich fies. Na ja, das Kind kam dann zu früh, es war 'ne ziemliche Kokserei die Geburt. Es ging alles glatt, war ja Kollegenfrau, wurde phantastisch behandelt und dann, anderthalb Jahre später wurde ich geschieden, natürlich behielt ich das Kind.

Ich sage jetzt 'natürlich', wenn ich heute zurückdenke, weiß ich nicht, ob das natürlich war, ob das eine Idiotie war, aber, ich weiß es nicht, ich denke heute sehr viel anders darüber, aber damals war ich überzeugt davon, es müßte so sein. Er zahlte erklecklich wenig. Ich habe 14 Jahre lang von dem Mann, der sehr viel verdiente, 120,- DM bekommen. Dann hatte er einen Herzinfarkt, und da muß es irgendwo geklingelt haben bei ihm, ich weiß nicht warum, da bezahlte er plötzlich von sich aus mehr.

Jetzt greif ich nochmal zurück. Am Kaiserdamm war die Wohnung, in die wir gezogen waren, bevor das Kind kam, fünfeinhalb Zimmer. Und dann hieß es, ich gehe. Kolleginnen zogen dann zu mir. Eine hat noch ihre Mutter mitgebracht, das war richtig nett, wir waren drei junge Frauen und die alte Dame. Ich hatte eine Betreuerin für das Kind. Das platzte aber, weil da irgendwie ein Selbständigkeitsdrang war. Die beiden Kolleginnen mit Mutter zogen aus.

Ich zog dann in den Grunewald in eine Villenetage, diese war unterteilt in mehrere Wohnungen. Das hatte Vor- und Nachteile. Die Vorteile waren, daß meistens 'ne Menge junger Leute das waren, mit denen ich mich persönlich enorm gut verstand. Der Nachteil war, daß sie keine blasse Ahnung hatten, wie man einen Besen handhabt. Und außerdem war eine Jurastudentin da, die Tinas Sachen übernahm, meiner Tochter Sache mit ihrem Vater, die Auseinandersetzung, Armenrecht.

Gunda, ich wollte jetzt auch noch wissen, wie es dann zu deinem Lesbischsein gekommen ist, wie es dann passiert ist, ich mein, es ist doch ein ganz schöner Sprung von der Ehe, mit einem Kind, dann in Frauenbeziehungen...

Der Sprung war eigentlich da, der wurde von der Gegenseite forciert... Ich hatte dreimal die Augen zugedrückt und dann bei einem Fall noch dem Mädchen geholfen, daß sie einen Abort fertig bekam, also, daß ihr geholfen wurde, es abzutreiben...

Mit der Gegenseite meinst du deinen Mann...?

Ja. Und irgendwann hatte ich die Schnauze dicke. Und wenn du nun alleine bist bei der Entbindung, wenn es schief ist, ich habe 48 Stunden geschmort, es war eine sehr schwere Entbindung. Das Kind kam sechs Wochen zu früh, Kunststück bei all der Aufregung. Weißt du, da ist ein Bruch. Und vielleicht wurde mir da sehr vieles bewußt, möchte ich jetzt rückblickend sagen, daß es so war. Ja, und dann begegnete ich Frauen in meiner Arbeitsstelle, die mir die Augen öffneten. Da wurde ich eingeladen zu Kollegenabenden und lernte immer mehr kennen. Ich war nur angenehm berührt, bis ich dann doch irgendwie merkte, da fühlst du dich hingezogen, da kommt dir Verständnis entgegen, da ist irgendwie ein Wohlwollen. Allein der Umgang mit jemandem, der nicht gegen dich ist. Da ist das wahrscheinlich, was Jahrzehnte früher schon beinahe gewesen ist in diesem KdF-Lager da am Semmering, da kam das irgendwie zur Entfaltung...

Was für ein Lager war das?

Kinderlandverschickung, KLV, ja, da am Semmering, wo die Berliner Schulen ausgelagert wurden, da war ich so zwölf, dreizehn. Da war vielleicht ein erstes Ahnen. Aber später kam das wirklich zum Tragen. Ich hatte in der Ausbildung schon eine Kollegin, die mir unheimlich sympathisch war, wir hockten immer zusammen und paukten. Sie hatte sich dann der anderen Kollegin zugewandt, ist aber dann später ins Bisexuelle abgewandert, weil sie Prestige liebt.

Und wie hast du dann deine erste Beziehung kennengelernt? Wie hat sich das ergeben? Du hast ja gerade gesagt, du warst ja dann praktisch in so einem Milieu, so in Cliquen drin, wo man sich gegenseitig eingeladen hat, Kolleginnen, Berufskolleginnen...

Ja, und da lernte ich dann jemanden kennen, der sich wahrscheinlich zunächst in mich verliebte, ich kann nur von mir sagen, ich habe den Menschen gesehen, die Sympathie gespürt, irgendwie eine gleiche Welle, und zwar geistig zunächst, das andere kam erst später.

Und das war eine Lesbierin, die vorher Beziehungen hatte?

Ja. Ich war immerhin noch, wie soll ich sagen, ich war ja noch nicht geschieden. Ich spürte dieses angenehme Ganz-anders-sein als männlich, Verständnis, Behutsamkeit. Wenn irgendwie eine Frage offenstand, die wurde dann so behutsam formuliert; also ich merkte, sie nimmt Rücksicht auf dich, das war mir so unbegreiflich, weil ich Jahre durch dies gar nicht kannte. Mein Mann war manchmal ein Despot, und ich habe ihn so irrsinnig geliebt, daß ich das erst ziemlich spät empfunden habe...

Seid ihr dann zusammengezogen?

Ja, noch vor der Scheidung. Die Wohnung war ja groß genug, ohne daß jemand etwas ahnte. Das Finden, ich meine, daß daraus eine Intimbeziehung wurde, das war irgendwie zwangsläufig, wie soll ich sagen, es ging ineinander über und war doch irgendwie wie warmer Regen, etwas, das irgendwie kommen mußte. Ich fühlte mich sauwohl und habe seitdem nie den Wunsch gehabt, irgendwie wieder in die andere Richtung auszukeilen.

Wie lange hat denn die Beziehung gedauert?

15 Jahre.

Und weshalb ging sie zu Ende?

Wahrscheinlich war es ziemlich meine Schuld, aber nicht nur. Die Faru hatte Schwierigkeiten persönlicher und beruflicher Art. Sie begab sich in Psychotherapie, und die Psychotherapeutin verlangte, daß sie zunächst mal zu den Männern zurückkehrte. Und das hat einen ziemlich klaffenden Riß gemacht. Ich meine, vielleicht, von der heutigen Sicht her würde ich sagen, habe ich auch vieles falsch gemacht. Damals meinte ich, es wäre richtig. Ich hatte dazu noch keine Beziehung, daß man einen Menschen, der einfach mit der Umwelt nicht zurecht kommt, der ein Studium aufgibt, der nicht fähig ist, ein Examen zu machen, daß man den vorsichtig behandeln müßte. Ich konnte das nicht begreifen, ich kam von einer ganz anderen Warte her. Bei mir zu Hause hieß es, det machste und damit haste fertig zu werden. Ich habe zwei Examen, wenn auch kein

Abitur und kein Staatsexamen. Ich konnte das nicht begreifen, daß es Menschen gibt, die sagen, ich kann nicht.

Es gibt sehr viele, die es nicht schaffen...

Ja, inzwischen habe ich auch mehrere von der Sorte kennengelernt und heute bin ich anderer Ansicht, aber damals war ich noch zu jung dazu. Es gibt ein wunderschönes Getränk, eine schöne Formel. Und wenn ich so nachdenke, ein Psychotherapeut kommt und sagt, mein liebes Mädchen, du gehst jetzt wieder zu den Männern, und dies Mädchen tut das, das war für mich unmöglich. Da habe ich eine ganze Weile dran gekaut, und zwar sechs Jahre, ich war völlig allein, total allein, es sei denn, daß ich meinte, Alkohol wäre ein Tröster. Dann lernte ich vor zwei Jahren eine andere Frau kennen, von der ich zunächst gar nicht meinte, daß sie, daß ich sie als Frau in dem Sinne ansehen könnte, als Freundin, als Beziehungsperson, weil sie mir sehr jung erschien, und ich habe ganz lange Zeit gebraucht, um zu kapieren, daß die Frau mich gern mochte. Das kam erst praktisch vier oder fünf Monate nach unserem Kennenlernen, daß ich sie einmal fragte, warum sitzt du denn dauernd hier. Wir haben uns ja schon geduzt, aber nur weil sie mir packen geholfen hat. Ich mußte inzwischen meine Bude räumen, und da sagte ich, wir sehen uns so oft, warum können wir uns nicht duzen. Was die gedacht haben mag in dem Moment, weiß ich nicht. Wir haben nie darüber gesprochen. Sie ist unheimlich zurückhaltend, vielleicht können wir gleich darauf eingehen, was man besprechen kann und was nicht. In meiner ersten Beziehung konnte ich sehr viel über alle möglichen Zwischenströmungen, innere Regungen oder wie man das nennen will, reden. Mit Pussy konnte man immer sprechen, es war sogar hochinteressant, jetzt zurückblickend amüsieren wir uns heute noch darüber, wie verschieden unsere Meinungen waren.

Hatte das nicht auch mit dem Altersunterschied zu tun?

Das frage ich mich auch, ich weiß es nicht, ich kann es nicht beantworten, ich glaube aber, es liegt in der Person... Es liegt in der Person, ob man in einer Intimbeziehung mit einer Frau das besprechen kann, was einem so brennt oder was nicht stimmt, ob man da durch Reden etwas korrigieren kann oder ändern oder sich einstellen oder der andere auf sich, ich weiß es nicht. Ich glaube, es liegt doch sehr an der Person, nicht so sehr am Alter.

Um wieviel Jahre ist die zweite Beziehung denn jünger?

20 Jahre ... macht 'ne Menge aus...

Ja, macht schon was aus, aber ich würde dir auch zustimmen, daß es mehr eine Sache ist des Temperaments, ob man sich im Gespräch öffnet...

Nicht der Intelligenzgrad alleine, vielleicht ein wenig. Es liegt einfach am Temperament, an der inneren Einstellung, ob jemand gewohnt ist, alles zu sagen, was in ihm drin ist. Da ist kein Punkt, wo man angegriffen werden kann. Es ist richtig, aber es erschwert die Beziehung, unbedingt, denn dann ist man nicht gewohnt, von sich aus etwas zu sagen.

Gunda, ihr seid ja nicht zusammengezogen, hat sich das auch noch ausgewirkt?

Nein... ja ausgewirkt, da bin ich jetzt im Moment überfragt, ich glaube, daß es nicht viel ausmacht, denn auch die zweite Beziehung ist sehr viel mit mir zusammengewesen.

Jetzt mache ich einen großen Sprung und komme zur Gruppe (L'74 - I.K.). Kannst du mir sagen, wie du von der Gruppe erfahren hast und wie du zur Gruppe stehst?

Ich habe zuerst von der Gruppe erfahren durch's Fernsehen; gar nicht von *der* Gruppe, sondern von der HAW, irgendwo in Kreuzberg. Dann hörte ich von der Behaimstraße (Allgemeine Homosexuelle Arbeitsgemeinschaft e.V. - I.K.) und von den Einzelheiten und sehr viel und ich wurde immer wieder gebeten, Mensch, komm doch, komm doch mal mit, komm doch mal mit. Ich hatte irgendwie Schiß, ich bin an sich kein Gruppen-Mensch. Aber ich will es mir immer nicht so eingestehen und bedaure das irgendwie, möchte eigentlich, aber ich finde nicht so Kontakt, habe da irgendwie Hemmungen. Schließlich hab' ich dann nach langer, langer Zeit... — die UKZ hab' ich von Anfang an gelesen, schon von der ersten Ausgabe an. Na ja, und dann haben sie halt doch immer wieder geredet, „komm doch, komm doch", dann bin ich halt auch reingegangen.

Du bist eine ganze Weile ganz regelmäßig gekommen, und sagst, daß du jetzt nicht mehr so gerne in der Gruppe bist.

Das ist furchtbar schwierig. Wie gesagt, ich bin kein Gruppenmensch. Wenn ich Harmonie spüre rundherum, fühle ich mich sauwohl, selbst bei vielen, aber in dem Moment, wo irgendwie aus dieser Harmonie eine Disharmonie wird, wenn irgend falsche Töne entstehen, die mir Unbehagen machen in Richtung aggressiv...

Das stimmt, die Gruppe ist aggressiver geworden.

... dann werde ich irgendwie hellhörig und schaue, ob diese Aggressivität auch nichts zerstört.

Und jetzt möchtest du erst mal 'ne Weile nicht mehr kommen oder erst mal nur locker Kontakt haben?

Es gibt einzelne, mit denen, also da bedaure ich, daß ich sie nicht öfters sehe.

Woran siehst du den Wert solch einer Gruppe oder auch das Engagement, das man da reinbringt?

Eine Vereinigung von Minderheiten finde ich immer gut. Wenn sich Minderheiten zusammenschließen, finde ich das enorm, aber wenn dann Minderheiten gegeneinander die Faust erheben, finde ich so blöd, so schade. So finde ich schade, wenn in einer Gruppe, die wirklich eine Minderheit darstellt, die zusammenhalten sollte — jeder einzelne ist doch Teil dieser Minderheit —, wenn die dann gegeneinander gehen, ist doch blöd.

Ja, Gunda, was meinst du, was man als einzelne Lesbierin oder als Gruppe von der Gesellschaft verlangen kann?

Verständnis, Aufklärung sollte man betreiben. Weißt du, wenn ich so sehe, was ich in meinem Beruf so sehe, wieviel Unverständnis da ist, dann frage ich mich, ja, um Gotteswillen, wo fang ich an, da müßt ihr in Schulen anfangen. Kinder, fangt bei der Jugend an und laßt die Erwachsenen aus dem Spiel, wartet nicht darauf, daß die

Verständnis haben, bei denen ist offenbar alles verloren. Es gibt ja so viel Unverständnis, so viel Voreingenommenheit und dieses äbäh, dieses »naja, Kranke«. Wenn es überhaupt zum „Verständnis" kommt, dann heißt es, ach Gott, ihr Armen, denen muß geholfen werden, nehmt doch die Pillen... Aufklärung, oje, ein weites Feld.

Was kann man da noch verlangen. Wenn man Toleranz verlangt, dann, glaube ich, kann man sie nur so erfahren, wie ein Antisemit einem Semiten gegenüber Toleranz erweist.

Bist du in einer Partei oder Gewerkschaft?

Nein.

Und weshalb nicht?

Du darfst meine Vergangenheit nicht vergessen, ich bin in Nazideutschland groß geworden, und von der Gewerkschaft habe ich nichts Gutes erfahren, und darum — ich war mal drin, ich bin nicht mehr drin.

Ich hätte nochmals ganz gerne gewußt, wie du Lesbischsein heute, 1977, einschätzt verglichen mit Lesbischsein 1955?

Ich glaube, das ist irgendwie natürlicher geworden, aber vielleicht nur für Lesben. Das kann ich nicht so einschätzen, weißt du, ich habe dazu wenig Kontakt mit Lesben, die Erfahrung gesammelt haben. Ich weiß nur, daß die Hetero-Gesellschaft, glaube ich, immer noch sehr viel dagegen hat.

Hast du Erfahrungen mit Lesben-Lokalen hier in Berlin? Früher, heute, Unterschiede?

Ganz wenig, Moment, ich muß mal rechnen, vor fünf, sechs Jahren etwa, da habe ich das erste Mal ein Lokal kennengelernt, habe toll getanzt, ganz verrückt und nett sogar, aber es ist kein Ort zur Besinnung oder nur dann, wenn man ganz deprimiert ist. Und dann denke ich, die Depressiven lassen sich da vollaufen, und die Aggressiven sind auf der Suche nach neuen Bekanntschaften. Aber alles in allem ist es irgendwie freier, man kann sich freier geben.

Wie ist das an deiner Arbeitsstätten, wissen die, daß du lesbisch bist?

Ich glaube nicht.

Ahnen sie etwas?

Das könnte sein, aber keiner spricht darüber.

Und aufgrund welcher Indizien?

Meine erste Bekanntschaft war oft da, und es könnte sein, daß man da irgendwie Verdacht geschöpft hat, aber dann später habe ich immer wieder versucht, das abzuschwächen, und ich glaube, daß es mir halbwegs gelungen ist, denn ich möchte das nicht. Ich habe das Bedürfnis, dort in Ruhe meiner Pensionierung, meiner Berentung entgegenzusehen.

Wissen es Verwandte von dir, daß du Frauenbeziehungen hast?

Mein Mann ahnte es und hat es versucht, in einem Sorgerechts-Entzugsantrag ganz offiziell anklingen zu lassen. Ich hatte das große Glück, daß eine Sozialarbeiterin, die mit der Sache beauftragt war, wie ich meine, von der gleichen Fakultät ist, ich kann's nicht genau sagen, ich glaube aber, die lächelnd „prüfte" und nichts fand, aber auch gar nichts, so daß das Vormundschaftsgericht zu dem Ergebnis kam, ich erfülle meine Pflichten mit dem Kind gegenüber absolut in vollem Ausmaß.

Und deine Eltern?

Meine Eltern sind schon lange tot.

Hast du sonst noch Verwandte?

Nee. Ich lege auch keinen Wert darauf, ich habe es nicht so mit der Verwandtschaft, ich suche mir lieber die Leute aus, mit denen ich verkehre, da hat man irgendwie 'ne Auswahl.

Da ist deine Tochter, weiß die das?

Ich glaube, sie ahnt, aber es ist nie darüber gesprochen worden.

Aber du hast doch auch mit deiner ersten Bekanntschaft zusammengewohnt?

Wir haben praktisch das Kind zusammen erzogen, von Anfang an, und sie hängt mit abgöttischer Liebe auch heute noch an dieser Frau, sie plagt mich: Ruf' doch mal an, was ist denn los, so lange keine Nachricht, was macht sie jetzt. Auch die zweite Bekanntschaft wird absolut akzeptiert, im Gegenteil, auch der Altersunterschied jetzt im Augenblick mehr in Richtung meiner Tochter tendiert, da sind ja nur zehn Jahre, da ist irgendwie ein unheimlich guter Kontakt.

Hast du mal vor, mit deiner Tochter darüber zu reden?

Wenn sie mich anspräche, würde ich jetzt, in dem Alter, sie ist immerhin über 21, es absolut nicht abstreiten. Aufgrund einer augenblicklichen Situation habe ich sogar vor, mal da dieses Thema zu berühren... Wem soll man sich widmen? — Weißt du, wenn ich talentierter wäre im Schreiben, ich würde zu gerne mal einen Essay oder einen Kurzbericht schreiben, Mutter sein, ist das eine Aufgabe oder eine Krankheit...

Du, aber sag mal, muß deine Tochter, weil du sagst, wem soll ich mich mehr widmen, nicht auch eigene Wege gehen?

Ja, das ist ja die Krankheit der Mutter, wenn etwas versäumt ist, und du selber bist irgendwie an der einen Ecke vom Fach und du hast es auch nicht gesehen, und in diesem Alter wird Schule und Berufsausbildung unterbrochen wegen so einer langjährigen, schweren Operation, da wirst du vor Vorwürfen nicht wieder und weißt nicht, was du eigentlich machst: nimmst du zu viel Rücksicht, nimmst du zu wenig Rücksicht?

Noch was anderes: Hast du selber Erfahrung mit der Psychoanalyse?

Nein.

Pause

Also, was Lesben am Arbeitsplatz anbetrifft, da findet man sehr viele in Sozialberufen und in medizinischen Hilfsberufen. Meine erste Praktikantenstelle war zum Piepen. Ich war mit einer angestellt, von der ich gar nicht ahnte..., mit der war ich in der Ausbildung zusammen — das erfuhr ich erst hinterher. Wir kamen zusammen in diese Praktikantenstelle und fanden dort zwei vor, und nachher war 'ne dritte da... Wir waren inzwischen fünf, es war sagenhaft...

Wie habt ihr euch denn zu erkennen gegeben?

Das kam praktisch durch einen Kollegenabend, den eine Kollegin gegeben hat. — Im übrigen wollte die auch mal zur Gruppe kommen — es paßt bloß nie, sie ist in Bremerhaven, in der Nähe von Bremerhaven, und kann sich nicht so in der Woche freimachen...

Also, das war ganz komisch, die „Bremerhaven" gab einen Kollegenabend, das war so üblich, und es war irrsinnig gemütlich... und irgendwie... ja... wenn ich jetzt zurückdenke... man hat sich vielleicht verraten... beim Tanzen... und wer sehen konnte, sah; nicht jeder sah, aber wer sehen konnte, sah.

Dann hast du noch gesagt, deine Chefin war auch oder ist lesbisch?

Ja, wenn, dann war sie bi. In meiner ersten Praktikantinnenstelle hieß es, sie hätte ein Verhältnis mit zwei Oberschwestern...

Mit zweien gleich?

Ja, das war ein Dreier-Verhältnis... Das war komisch, das ging über Jahre, beinahe Jahrzehnte. Diese Frau war sagenhaft integer, großartig, von der ganzen Anstalt wurde sie verehrt, bitte, von Männern und Weiblein und alt und jung. Wenn was brannte, rannte man dorthin, weil man wußte, da ist ein Mensch. Sie hat dann ganz viel später geheiratet, kein Mensch hat das geahnt. Ich war nicht dabei, ich habe nur sagen hören, daß eine ganze Menge Frauen da waren, die verstohlen ihr Schnupftuch zogen, weil sie das nicht verstehen konnten. Verehrt wurde sie sehr, unwahrscheinlich großartig. Für die Frau bin ich durch's Feuer gegangen, um Gotteswillen, ohne daß ich etwas von ihr wollte oder gewußt habe, gar nichts. Es kam mir so ganz langsam, man hörte dies, da hörte man jenes... Von „Bremerhaven" erfuhr ich dann mal, guck' doch mal, das Auto »BHM« — Berlin, halber Mann...

(1977) aus: Lesbenfront 18/1983 und 19/1984

Interview mit Lona V.

Lona V. (Pseudonym) ist heute 57 Jahre alt. Das Interview wurde 1977 mit ihr gemacht, als sie noch Mitglied der Gruppe L'74 war. Sie zog sich dann aber nach einigen Jahren Mitarbeit aus der Gruppe zurück und lebt nun etwas zurückgezogen mit einer gleichaltrigen Freundin zusammen.

Ja, also ich bin 48 Jahre alt, Schulbildung hab ich Grundschule, dann hab ich 'ne Lehre als landwirtschaftliche Haushälterin, die hab ich nicht abgeschlossen, weil der Russeneinzug war. Und dann bin ich zur BVG (Berliner Verkehrsgesellschaft) gegangen, als Schaffnerin. Und denn hab ick jeheiratet, hatte einmal Zwillinge, einmal ein Kind und bin nach dreizehn Jahren geschieden worden.

Kannst du mir noch was über deine Eltern sagen?

Ja, mein Vater war Kalkulator, so nennt man die, die Löhne abstoppen. Und meine Mutter war Gärtnerin. Wir waren zwei Kinder. Mein jetziger Beruf ist Altenpflegerin, fühl ich mich auch sehr wohl. Hab 'ne Abendschulausbildung mitgemacht nach der Scheidung.

Wo bist du denn aufgewachsen?

Aufgewachsen bin ich hier in Berlin in verschiedenen Stadtteilen, so hin und her, bei Oma, meine Eltern haben erst geheiratet, da war ich schon vier, war damals 'ne große Arbeitslosigkeit.

Können wir uns mal unterhalten, wann du gemerkt hast, daß du lesbisch bist?

Tja, schwer zu sagen. Also die ersten Erfahrungen hatte ick so im Kindesalter, da hab ich schon irgendwat jemerkt. Und die erste Beziehung bin ich mit fuffzehn eingegangen, hab ick mir so 'ne kleene Freundin angelacht und, na ja, hab so versucht, was man da so machen könnte, Küßchen und so. Hab ick die verführt, mit mir baden zu gehen in die Badewanne, da war ich in der Lehre, und meine Lehrfrau kam dazu, wir beide haben mächtig Keile bezogen.

Ach ja, das ging auseinander, weil meine Lehrfrau dazwischen kam, und die uns da ziemlich zusammengeschissen hat. Und die zweite Beziehung hatte ich zu 'ner Arbeitskollegin, war 'ne verheiratete Frau, mit der war ick ungefähr en Jahr zusammen, und da wollt der Mann denn nich mehr, und wir haben uns denn jetrennt. Un denn hab ick jeheiratet, und war sowieso Essig, nich, und denn fing ick aber so nach drei, vier Jahren wieder an, wie ick verheiratet war. Bin ick öfter in Lesbenlokale jejangen. Hatte och mal Bekanntschaften so ab und zu, aber durch det Verheiratetsein lief det nich. Kam immer wieder durch.

Lona, wie hast du das verarbeiten können, daß du verheiratet warst und lesbisch? Waren das nicht ganz schlimme Konflikte, bei dir und auch bei deinem Mann?

Na ja, waren ziemlich große Konflikte. Aber mein Mann war ziemlich asexuell. Der war mehr ein Transvestit. Wir haben auf irgendeine Art menschlich schon zusammengepaßt, darum jing die Ehe auch einigermaßen. Aber nachher, da ging det halt doch nich mehr. Es brach ja immer wieder durch. Wenn es nich um den Jungen gegangen wär, denn hätten wir uns schon früher getrennt. Ich habe auch keine echte Liebesbeziehung zu ihm aufbauen können, ja. Det wurde mir aber erst später bewußt. Ich mocht'n als Mensch, wir haben auch später weiter Kontakt. Aber die Gefühle, das war nur vom Verstand geprägt, ja, denn du bist ja verheiratet und du mußt, nich, und so. Aber denn, mit'n Jahren da brach dat andere denn doch durch, und da hab ick auch jewußt, daß det mal zum Krachen kommt. Denn man kann dat nich immer so gut, det staut sich uff, und denn biste unzufrieden.

Hatte er Beziehungen zu Männern?

Ne, hat er nicht. Ja, er ging Beziehungen zu Frauen schon ein, aber ihm is det nich so wichtig. Er ist mehr en Gesellschaftsmensch. Der heiratet och nich mehr. Wenn der 'ne heterosexuelle Frau gehabt hätte, wäre seine Ehe wahrscheinlich gut gegangen. So ging det halt nich. Und det hat mir innere Kämpfe richtig gekostet, wirst ja immer wieder damit konfrontiert, och mit der Außenwelt. Trotzdem, det is nie erloschen. Ick hab ja nie viel drüber jesprochen, aber in mir waren die Kämpfe ja stetig da. Vorgesehen hab ick mir ja, hab ick de Ogen zugemacht. Außerdem, meine Familie hat det jewußt, det ick da Frauenbeziehungen hab, wußten alle.

Woher haben die das gewußt?

Na ja, meine Mutter, die wußte det wohl schon so, nich, die hat zu mir mal gesagt, brauchst jarnich erst heiraten, nich, aber die hat nie gesagt, warum, ja nich, so offen war se nich. Und mein Mann hab ick det denn erzählt, meine Schwiegermutter wußte det, meine Kinder wußten det och. Also Komplikationen hab ich da eigentlich nich gehabt.

Aber komisch, die meisten Leute fallen in Ohnmacht, wenn die Tochter, wenn sie merken, bei der läuft das nicht so ab.

Ne, ich weeß nich, die haben det irgendwie verstanden. Meine Schwiegermutter, die hatte och mal Frauenbeziehungen früher. Die hatte so dafür Verständnis. Und meine Mutter hat gesagt, mußt ja wissen, was de machst.

Und dein Vater?

Mein Vater, der hat det nich mehr erlebt. Der ist gestorben wie ick 18 war. Na ja, der hätt vielleicht wat gegen gehabt.

Und wie war das auf der Arbeitsstelle und im anderen Bekanntenkreis?

Na ja, Arbeitsstelle, das ist wie üblich. Früher wurde man viel gehänselt, dann wurde getuschelt, wa, na ja, zuerst war mir det unangenehm. Aber denn hab ich mich gewehrt, hab gesagt, hör mal zu, du bist so und so, und ich frag och nich, wie du bist, laß mich in Ruhe, nich. Und wenn man sich da einigermaßen durchsetzt, da hat man auch Ruhe, wenn man ein juter Kollege ist oder ein guter Arbeiter und so, da haste nich viel Schwierigkeiten.

Du warst doch mal in der Kirchengemeinde tätig, wie war es denn da?

Da hab ick det völlig unterdrückt. Det war, da hättste damit gar nich ankommen dürfen, nich, die wußten det nich. Das war die einzige Stelle, die det nich wußte. Die haben sowieso so verschrobene Einstellungen, wenn de da mit Homosexualität ankommst, na dann kannste gleich einpacken. Und det war ja auch nich in Berlin, det war in N. (Kleinstadt in Schleswig-Holstein).

Lona, hast du außer den Beziehungen zu deinem Ehemann auch noch zu anderen Männern Beziehungen gehabt? Was hast du probiert, und weshalb hat du das gemacht?

Die erste Beziehung hat ick zu 'nem Mann, da war ick fuffzehn halb. Den mocht ick. Aber det lief sofort danach auseinander, also irgendwie war man da noch zu jung. Und denn kamen die Russen, und da wurd ick och en paarmal vergewaltigt, da war ja sowieso Essig. Na ja, und dann hab ick meinen Mann kennengelernt. Und ick wollt ja nich heiraten, ick hab gedacht, man tut et halt. Es war auch lieb zu mir, und dadurch rutscht man so rin. Vielleicht hat det och was mit der Zeit zu tun gehabt, denn heut die Mädchen, die sind selbstbewußter. Früher wurdeste ja von Muttern noch betuttelt und betaddelt: „Und mach man so wie ick det sage und so und so". Na ja, und sonst hab ick keene Männerbeziehungen gehabt. Ich möchte och sagen, dat die Männerbeziehungen ziemlich mit Angst durchsetzt waren. Ich kann die Angst jetzt nicht näher sagen, aber es war immer ein Angstkomplex da.

Und waren sonst noch Unterschiede zwischen Frauen- und Männerbeziehungen?

Wie meinst denn det?

Na ja, einmal war Angst, oder daß es dir körperlich gegraust hat.

Na ja, gegraust, nee, ich hab keen Kontakt aufbauen können, ja, ich konnt nie mit 'nem Mann umgehen, ja. Et hat mich nich erregt oder so. Ich meine, 'n bißchen erregt schon, des is ja logisch, wenn man sexuell, ja, aber nich persönlich, ja, ich wußt mit 'nem Mann nischt anzufangen. Mit 'ner Frau wußt ich immer gleich anzufangen.

Det is eben der Unterschied. Und meine, Erfahrungen mit Männern hat man ja och nich. Aber mit Frauen, da weeß man dann, wat man machen muß. Nich, und det is och anders. Und bei 'ner Frau, da renn ich auch immer rum, als wenn ich se behüten muß, ja, und wehe, der tut eener wat. Beim Mann hab ick det überhaupt nich gehabt. War mir det ejal. Ick kann auch sagen, sonst hab ick keene Beziehungen groß. Also zu Männern hab ick Beziehungen insofern, det ick von ihnen viel jelernt hab, ja, wissensmäßig, hab ich immer jeluchst, wat kannste den abgucken, und so unterhalten sich auch jerne mit ihnen, aber uff Distanz, ja. Wenn irgendwelche sexuellen Dinge da rinkommen, denn hab ick det sofort abgebrochen.

Also nicht so hautnah?

Nee nee, so uff zwei Meter höchstens. Ja, Isolation hat ich so ungefähr 'ne Zeit von zehn Jahren, det ging durch die Heirat nich. Und da wohnt ich ja in N., da waren sowieso keine Kommunikationen gegeben, Zeitungen gabs noch nich. Und da irgendwat anzufangen mit Frauen hab ick mich nich getraut, weil's 'ne Kleinstadt war. Und denn sind wir zurück nach Berlin und denn hab ick mir die St. Pauli-Zeitung geholt und hab 'ne Annonce uffjejeben. Und daraufhin hab ick meine letzte Freundin kennengelernt. Mit der war ick fünf Jahre zusammen. Und denn hab ick auch gekuckt, wo Lokale sind, und ob vielleicht 'ne Gruppe gibt. Und denn hab ick mir „Him" (Zeitschrift für homosexuelle Männer) gekauft, und da stand drin det LAZ. Und da war noch Dennewitzstraße. Und da ging ich zur Dennewitzstraße, und da waren die Frauen nich mehr da. Da waren se inzwischen umgezogen. Und da hab ich mir nochmal „Him" jeholt, und da stand det Kulmerstraße drin. Und da bin ick zu euch hinjekommen.

Und wann war das?

Das war im September '74. Und da hats mir eigentlich recht gut gefallen, die Frauen waren zwar sehr jung, aber war doch die Atmosphäre da, die mir gelegen hat, nich. Und denn kamen auch ältere Frauen, die Kitty und die Elisabeth und die Heidi, und dann wurde die Gruppe L'74 gegründet, zuerst mit acht Leuten und na ja. Dann waren wir im Gruppenprozeß drin.

Weshalb bist du in der Gruppe?

Na ja, ich meine, det erstens mal wegen — ich finde, det lesbische Frauen zusammenhalten müssen, und det se sich wat uffbauen müssen, nich. Und det se der Außenwelt det beibringen müssen. Und wir kommen ja nich weiter im Außenverständnis, wenn wir nischt dafür tun. Ich fühl mich da einfach auch wohl. Ich meine, es gibt ja auch Situationen, wo man det nich tut, aber die gibs im sonstigen Leben, bloß betrifft uns ja persönlich. Und ich hol mir da auch Kraft her, und det man sich nich immer so ausgestoßen fühlt von der Gesellschaft. Früher gabs det ja nich, und es is sehr schön, daß es jetzt so viele Gruppen gibt. Ick geh auch gerne zu den homosexuellen Männern da in der Behaimstraße (Tagungsort der „Allgemeinen Homosexuellen Arbeitsgemeinschaft").

Ach, gehste noch manchmal hin?

Ja, ab und zu, und eenen kenn ich da recht gut von der BVG her. Wat man nie vermutet hat, aber na ja. Doch, ick bin gerne bei den Männern, da, nich immer. Ich finde, die gehen genauso lieb miteinander um, wie wir och. Natürlich mögen die andere Probleme haben. Aber so im Umgang mit Freund sind die genauso lieb. Det find ick sehr schön, so die festen Bindungen. Doch, find ick gut. Trotzdem man da natürlich 'n bißchen uffpassen muß, daß wir uns nischt unterjubeln lassen, det stimmt, da habta recht.

Lona, kannst du mal was sagen zum Lesbischsein so vor zwanzig Jahren und heute? Du kannst es ja beides beurteilen.

Na ja, also vor zwanzig Jahren, da hat man immer noch det so ziemlich im Dunkeln getan und sehr viel Angst, nich, und nur in den Lokalen, in der Außenwelt wahrscheinlich kaum.

Und wie hat sich das ausgewirkt?

Na ja, die könnten ja vielleicht dich anspucken oder mit Steine schmeißen oder Schimpfworte dir hinterher, wat se auch oft genug gemacht haben, aber da hab mich immer gewehrt, hab einfach zurückgeschimpft: jenauso wie et rinschallt, schallts raus. Bloß des is sone unbestimmte Angst gewesen, weil man keinen Rückhalt irgendwoher hatte. Da war man wirklich janz alleine auf sich gestellt.

Und da war auch dieses Gruppenzusammensein noch nich. In den Lokalen früher, so wie der heutige Sub, da war das manchmal noch schlimmer, da haben die Frauen immer noch den Unterschied gemacht zwischen kesse Väter und Muttis, und da waren natürlich die kessen Väter in der Überzahl, und dann gabs Keile. Haben sich manchmal drei, vier Frauen, also kesse Väter, um eine Frau jekloppt. Nun haben se damals Anzüge getragen und Schlips, im Tanzlokal und so. Und wenn dann sone Keilerei war, dann hörteste schon, wie der Wirt die Funkstreife rief, und wenn die gemerkt haben, die Funkstreife kommt, dann haben die kessen Väter die Schlipse abgebunden, und war Ruhe im Saale, und wurde hübsch jetanzt. Und wenn die Polizei raus war, dann ging det wieder weiter. Also manchmal war det schon schlimm. Det haste heut nich mehr, Jottseidank.

Also, ich kann mir das gar nicht vorstellen.

Hast du Ahnung, waren fürchterliche Auseinandersetzungen manchmal dort. Meine Freundin ist nich deine Freundin.

Was meinst denn so, was man von der Gesellschaft verlangen kann, ich meine Forderungen an die Gesellschaft?

Tja, würd ick sagen, det die Homosexualität und Lesbischsein genauso akzeptieren wie Heterosexualität, aus dem einfachen Grunde, weil wir ja da sind und och so sein wollen, nich nur müssen. Die müssen sich mit uns genauso auseinandersetzen wie wir ja mit ihnen och. Ich finde 'ne Männer-zu-Männer-Beziehung und Frauen-zu-Frauen-Beziehung jenauso normal. Es ist vielleicht vom staatspolitischen Wesen oder Sozialwesen, daß man halt keine Kinder kriegen kann, aber deswegen ist der Mensch ja nicht weniger wert. Kinder können die ja dann machen, die das gerne möchten.

Du bist in der Gewerkschaft. Weshalb biste da drin, und meinst du, man kann da für Lesben etwas tun, oder mehr, weil alle berufstätig sind?

Tja, also ich bin in der Gewerkschaft aus Sicherheitsgründen. Als Arbeitnehmerin. Und ich finde, daß uns 'ne Gewerkschaft nützt. Außerdem bin ich der Meinung, daß det nich genug vom Volk ausgenutzt wird. Die können bestimmt für uns was tun, meine Gewerkschaft ist ja schon seit Ende vorigen Jahrhunderts, und wenn die nich gewesen wären, würde et heute noch schlimmer aussehen. Und für Homosexualität bzw. Lesbischsein bin ich überfragt, hab ich mich nicht mit beschäftigt. Müßte man mal mit den Leuten reden, aber ich glaube kaum. Ich wüßte nich, wo man da anhaken soll. Denn es ist ja ein Arbeitsrecht an und für sich.

Na ja, wir sind ja auch als Lesbe im Beruf unterdrückt und als Frauen.

Na ja, auf dem Punkt ja, könnte man bestimmt wat machen, steht ja nicht unter Strafe.

Du warst vorhin im Schlafzimmer, und da war das Bild von den zwei Amerikanerinnen. Es handelt sich um zwei Armeeangehörige, die wegen ihres Lesbischseins unehrenhaft entlassen wurden. Da müßte auch die Gewerkschaft was tun, wenn sie gewerkschaftlich organisiert wären.

Tja, wenn se es schaffen. Bloß die beiden Frauen waren ja beim Militär, und Militär will keine Homosexuellen, is in allen Staaten so. Vielleicht ändert sich dat nochmal.

Kannst du mir etwas zum sogenannten Rollenverhalten sagen?

Ja, Rollenverhalten bei Beziehungen, det is von Parnerin zu Partnerin verschieden. Manche Partnerin, die geht automatisch in ein Frauenverhalten, heutzutage tun se et nich mehr.

Auch bei dir?

Ja, meine Freundin vorher, die war sehr fraulich, und da hab ich so mehr oder weniger die anderen Arbeiten übernommen. Und jetzt, meine jetzige Freundin, na die is so ein Zwischending, da sprechen wir uns ab. Mal is der eine der aktive Teil in der Sache, mal der andere. Die Beziehung is wieder janz anders. Aber ich würd sagen, ich bin keene gute Hausfrau, ich mach lieber andere Arbeiten. Und na ja, wie soll man sich da ausdrücken, nich, manchmal bin ich sehr nachgiebig, manchmal auch sehr hart, kommt ganz druff an.

Spielt bei euch der Altersunterschied 'ne Rolle? Ihr habt ja einen Altersunterschied.

Na ja, meine Einstellung war, bloß nie 'ne jüngere Freundin, geht ja sowieso nich jut. Und schon keene Arbeitskollegin, jeht ja sowieso och nich jut, nich. Ja und nu: mit A. zusammengearbeitet, sie ist 23 Jahre, ich bin 48, nich. Aber sie ist sehr vernünftig, und sie ist weiter wie sie jung ist. (Lona meint, ihre Freundin ist für ihr Alter sehr reif.) Aber da meine Partnerin ja nicht nur altersmäßig, sondern erfahrungsmäßig mir sehr nahe steht, jeht es jut, mit ihr kann man reden.

Weil ihr auch ein gemeinsames Interesse an der Gruppe habt?

Und beruflich, wir haben den gleichen Beruf, das macht schon viel aus. Und im Sexuellen auch, wir haben die gleichen Interessen, es ist bestimmt auch selten. Sind sehr offen miteinander und na ja.

Also, ihr könnt euch — auf gut deutsch — auch über sexuelle Sachen unterhalten?

Ja, können wir, muß man sogar. Klar, ab und zu hat man noch Hemmungen, sie nich so sehr, vielleicht weil ich älter bin, da hat man ja immer det Gefühl, mein Gott, also du bist ja immerhin schon älter, kannste ja nich, aber wie gesagt, da hat sie gesagt, du det laß nach. Sonst is jut.

Das find ich sehr wichtig.

Ja, mein Vater, der war sehr freizügig in sexuellen Dingen und auch so, der war im Freikörperkulturverein, und da hat er mich auch öfter mitgenommen. Und da war ich ungefähr zehn Jahre alt oder elf Jahre. Zuerst war ich natürlich entsetzt, Männlein, Weiblein, da so rumliefen. Aber die waren alle ganz natürlich, war son Zeltplatz, und haben da gezeltet, und hab ich mich da dran gewöhnt, und sexuelle Freiheit und Körperfreiheit war für mich kein Problem. Fand ich auch sehr gut, hab ich auch meinen Kindern weitergegeben. Für damalige Zeit war det sehr viel. Er stand immer auf der Einstellung, na ja, ich leb halt so, nich. Lief jut.

Lona, warst du schon mal in der Psychoanalyse?

Nee, war ick noch nich. Ick hab mal dran gedacht, damals, wie ick die Zeit hatte, wo ich nischt tun konnte, hinzugehen. Da war ich mal beim Nervenarzt, der Mann hat mich nicht verstanden. Ick hab ihm gesagt, det ick da andere Veranlagung hab und det ich nich glücklich bin. Und darauf hat er gesagt, na ja, ick müßte auch mal aktiv werden, det ginge nich.

Wo sollste aktiv werden?

Na, zu meinem Mann hin. Konnte det dem doch nich so aus'nanderpolken, nich, na ja, war et einzigste, und seitdem hab ich mich immer alleene damit auseinandergesetzt. Hab mir ein Bild gemacht oder 'ne Meinung, entweder tust det oder tust det nich. Hab eigentlich auch kein Bedürfnis danach, bin mit meinen Problemen immer alleine fertig geworden, nich. Weiß ja nich, wie es bei anderen is.

Na, es gibt ja sehr viele, die waren in Gruppentherapie und Einzeltherapie, von den Eltern hingescheucht, vom Ehemann hingescheucht.

Also das einzigste, was ich gemerkt hab, wo ich vielleicht mal hingehen könnte, dat hab ich heut aber auch nich mehr, das war so zwischen 20 und 30, wie ich vor Vorgesetzten eine ungeheure Angst hatte und sehr viel Platzangst. Aber irgendwann hab ick det mal überwunden, indem ich mich der Situation gestellt hab. Also, als Frau unterdrückt wird man ja sowieso, ob das auf der Arbeitsstelle is oder im täglichen Leben. Aber da muß man sich durchsetzen. Als Homosexuelle unterdrückt, das ist so in Angriffen, die kommen, aber die muß man abwehren. Da fühl ich mich eigentlich stärker, zurückzuhauen als Frau. Da brauch ich nich so viel Intelligenz, um zurückzuschlagen.

Du meinst, da ist dann der Angriff offener?

Als Frau unterdrückt, da muß man doch mehr Schleichwege suchen, wie man da am besten an die Herren der Schöpfung rankommt. Und na ja, im Grunde, wenn man sich durchsetzen lernt, hat man da auch nich mehr sehr viel Probleme, finde ick. Da muß man sich auch wieder der Situation stellen und nich klein beigeben, det die anderen vielleicht verschrecken, denken, na, mit der kannst det ja doch nich machen.

Und hast du erlebt, in welcher Weise 'ne Lesbierin unterdrückt wird, was meinst du dazu?

Ja, also wir werden unterdrückt meiner Meinung nach in der Abwertung der Persönlichkeit, im Durchsetzungsvermögen. Und denn Angst machen oder Haß entgegenbringen oder Lächerlichmachen, nich, det sind so die Punkte. Aber da muß man drüber weggehen oder man wehrt sich, das lernt man mit der Zeit.

Und was meinst du, was ist deine Meinung, weshalb Homosexuelle und Lesbierinnen unterdrückt werden, weshalb es notwendig ist?

Ja, könnte Minderheitenproblem sein, nich, man braucht ja immer jemand, auf dem man rumhacken kann. Und wahrscheinlich ist det auch verdrängte Sexualität bei den Heterosexuellen, nich. Die trauen sich ja noch nicht mal, ihre Sexualität auszuleben, jeschweige denn vielleicht mal wat anders sein. Und so suchen se halt Prügelknaben. So würd ick det sehen. So hat ich jedenfalls die Erfahrung gemacht.

Was meinst du, was können wir als Gruppe L'74, was können andere Gruppen erreichen?

Ja, wir müßten der Umwelt zeigen, daß wir eine Lebensberechtigung haben und det wir nich weniger wert sind als Menschen wie sie, im Gegenteil, det wir ziemlich gefestigte Charaktere unter uns haben, wat auch früher schon war, nich, die Frauenrechtlerinnen, die früheren Lesbierinnen und in vorigen Jahrhunderten, also man muß det viel klarer machen. Und det man vor allen Dingen nich ein Verbrecher is. Wir tun ja der Gesellschaft nischt, wir sind ja keine Kriminellen. Wir wollen ja nur unser Leben so leben, wie wir det möchten und wahrscheinlich auch nich anders können.

Also wat ich auch empfinde, wenn Gruppenzusammenschluß is, det der auch ein bißchen auf privater Natur sein muß, ja. Außer den Gruppenabenden, det man mal anruft, oder wenn jemand krank ist, mal fragen, wie geht's dir denn, oder mal jemand hingeht, darüber hat sich Hedi beschwert. Und innerhalb der Gruppe, det man auch mal nachfragt, sag mal, warum sagst du denn nischt, fühlst du dich unterdrückt oder haste Hemmungen oder haste keen Interesse oder nich, ich finde, det fehlt noch.

Auch in unserer Gruppe?

Ja, und wenn man merkt, det da 'ne neue Frau kommt, ob se nun jünger oder älter is, und man merkt, sie kann nich so formulieren oder so, daß man sie dann anspricht, ja. Bis sie sich so ein bißchen akklimatisiert hat. Det find ich, det fehlt, det haben se in der LAZ ja besser gekonnt. Und det man auf Gruppenabenden auch mehr darüber spricht, über die Schwierigkeiten, die man hat, ja, ob auf Arbeit oder in der Familie, det man wirklich kommt und sagt, hört mal Kinder, so und so is mir det heute gegangen, und ich werd damit nicht fertig oder ich hab mich maßlos geärgert darüber. Wat würdet ihr tun? daß Außer Gespräche, die abgemacht werden, auch mal ein Abend gemacht wird, wo man wirklich mal Sorgen hinträgt oder aus dem persönlichen Leben erzählt. Oder zu anderen Gruppen, oder ein Abend, wo det Thema nich unbedingt gestellt ist, brauch ja nich oft sein, sofern den Leuten was einfällt.

Manchmal ärgert man sich und kann nicht viele Wochen warten, bis dann der freie Abend kommt, wo man über Privates reden darf.

Ja, richtig, und auch so wat in den Gruppen so untereinander läuft, da müßte man auch mehr bringen.

(1977) aus: Lesbenfront 17/1983

Interview mit Lilo A.

Das folgende Interview wurde im Oktober 1977 aufgenommen, als Lilo A. in Berlin zu Besuch war. Sie lebte damals mit ihrer Freundin in Süddeutschland. Inzwischen ist sie aber schon wieder einige Jahre in Berlin und arbeitet als Lohnbuchhalterin.

Lilo A. wurde 1925 in der Nähe von Berlin geboren und wuchs in der DDR auf. Ihr Vater war Richter, ihre Mutter Lehrerin. Sie hat eine behinderte Schwester. Der Vater starb noch vor dem 2. Weltkrieg. Lilo hatte in der Familie die Funktion des Vaterersatzes.

Das war eine Kleinstadt, 50 Kilometer südöstlich von Berlin, idyllisch gelegen und auf einen Sprung konntest du sehr schnell in der Großstadt sein. Wenn ich es mit wieder aussuchen könnte, würde ich es wieder so haben wollen. Ich kenne das Landleben, kann melken, alles was damit zusammenhängt, bis auf pflügen. Das hab ich nicht gelernt, aber sonst eigentlich ziemlich alles.

Wann bist du nach Berlin gekommen?

Nach Berlin gekommen bin ich 1952. Davor hatte ich Abitur und gleich anschließend hab ich mir eine Lungen-Tbc angeschafft und bis in die Zeit nach dem Kriege, so bis 1947. Von '45 bis '47 war ich in Schleswig-Holstein in so einem kleinen Kreisstädtchen. Dann ging ich wieder zurück in die DDR und — weiß der Kuckuck — ich wollte an sich studieren, aber nicht daß ich da Steine in den Weg gelegt bekommen hätte, aber ich fand das so beschissen, daß nur Arbeiter und Bauern oder nur solche, die besonders antifaschistisch waren... — auf dieser Welle wollte ich nicht reisen. Meine Mutter galt als Antifaschistin und irgendwo war sie es auch. Es war dann die neue privilegierte Klasse, als Oberschullehrerin, und die kriegte dann besonders viel Kohlen und hatte ein Zimmer mehr. Und ich hätte mich dann mit diesen Burschen[1] ungeheuer anbiedern müssen und machte dann also erst was als Büroangestellte an der Landesbildstelle dort. Dann wollte ich eine Lehrerausbildung machen. Habe sie auch anderthalb Jahre gemacht, dann kam die Flucht dazwischen.

Das war dann 1952?

Das war '52, kam ich hierher, erstmal arbeitslos und dann Studium. Da hab ich einen Blödsinn gemacht, ja an sich ist es kein Blödsinn, es war völlig folgerichtig, Mutter wollte ja immer, daß ich was Besseres werde. Ich hätte ja einfach meine Paukerausbildung zu Ende machen können, nein, es mußte unbedingt nicht nur eine Schmalspurakademikerin sein, sondern eine richtige. Mutters Bruder hatte gesagt: „Laß sie Betriebswirtschaft studieren". Und so studierte ich Betriebswirtschaft, und das war damals für Menschen meiner Einstellung eine schlimme Sache, Keynes, und da kamst du nicht drüber hinaus. Im Studium, ich weiß nicht, ob du dir das vorstellen kannst, bin ich völlig vereinsamt.

Lilo, können wir jetzt nochmal zu deinem lesbischen Bewußtwerdungsprozeß zurückkommen?

Ja, ich hab mich also als Kind als Junge gefühlt. Es war gar kein Wunder, erstens hab ich mit Jungens gespielt, und zweitens war ich Vaters Junge. Vater war sehr instruktiv, ich möchte sagen, er hatte auch den falschen Beruf, er war Richter und hätte viel lieber Lehrer sein mögen, er war ein viel besserer Lehrer als meine Mutter, die es von Berufs wegen machte. Vater starb leider sehr früh, und da war ich dann sozusagen der Mann in der Familie. Alles Handwerkliche war meins und dann schließlich auch das Hamstern und Sorgen. Und das Schifflein da langsteuern, wo es möglichst nicht untergeht.

Ja, in der Schule, erst in unserem kleinen Nest, eine Aufbauschule, dann die Oberschule in Königswusterhausen, Oberschule für Junge. Ja, da war eigentlich mein erster Anstoß. Ich kam als Landei in eine Klasse mit sehr rabautzigen Jungen und bereits sehr damenhaften Mädchen. Wahrscheinlich hat ich völlig unbewußt zu starke

Annäherungsversuche gemacht. Ich war mir überhaupt — jetzt im nachhinein ist mir das schon klar — ich war mir überhaupt nicht bewußt, was los ist. Ich habe, es war so das erste Erwachen, merkte ich, wie ich einem Mädchen fürchterlich fasziniert auf die Brust starrte.

Wie alt warst du da?

Ja, wie alt war ich da, vierzehn. Also mit dem Erfolg, sie zogen sich alle von mir zurück, und ich stand dann außerhalb, ein volles Jahr. Das war sehr schlimm. Dann, ich war Fahrschülerin, befreundete ich mich mit einem Mädchen aus einem der anderen Dörfern dort, die sah das alles und fühlte sich zu mir hingezogen, ich zu ihr, blieb aber alles völlig im Rahmen, na, der Vater, der war ein Großkaufmann in Berlin, und da hat der seine Jagd gehabt, und dann ging ich mit. Und dann kam der Krieg, und dann hab ich das Merkwürdige erlebt, die Feindseligkeit der Mädchen meiner Klasse und der beiden Parallelklassen erlosch schlagartig. Auf einmal war ich die liebe, und auf einmal war ich die gute, und — was, du kannst ja Akkordeon spielen, Mensch, komm doch mal nachmittags und so weiter. Dann war nämlich ein Ersatzmann da.

Und wie ist es weitergegangen? Ist es dir damals bewußt gewesen, daß es schon etwas anderes ist als das übliche?

Nicht, daß ich Mutter gefragt hätte, aber ich hab unendlich viel, war ich nur kriegen konnte, gelesen, und da erfuhr ich, daß das eine pubertäre Entwicklungsstufe ist, daß das völlig normal ist.

Aber das Wort homosexuell oder lesbisch, das war dir dann schon bewußt, mit vierzehn, fünfzehn?

Sechzehn. Also ich war dann in eine BDM-Führerin heillos verliebt und war sehr beruhigt, daß es ja nur eine Entwicklungsstufe ist, muß sogar sein, na ja, sie haben dann weitergesponnen[2], der kameradschaftliche Zusammenhalt und die Möglichkeit, daß man überhaupt ein außergeschlechtliches Du, eine Du-Beziehung entwickeln kann. Ich bin furchtbar beruhigt gewesen. Daneben parallel lief, ich sah so, was Soldaten machen. Ich sah Soldaten oben langfliegen, und die ganze Stadt in Schutt und Asche legen, und ich sah, was Männer trieben, die auf Urlaub kamen, und ich sah, was Männer in Urlauberzügen machen, wie sie sich auf der Straße benehmen, und ich kriegte eine unendliche Wut, auch gegen unsere Uniform.

Also das mußt du mir erklären mit den Männern in Urlauberzügen.

Nein, uniformierte Männer zur zivilistischen, zivilisierten Umwelt.

Meinst du, Frauen vergewaltigen?

Das hab ich selber nicht als Zuschauer erlebt, das hab ich dann nach '45 im Frieden von einem deutschen Mann zelebriert bekommen, dem ich es nie zugetraut hätte, es war nämlich ein netter Trottel. Nein, wie Männer auftreten, wie die ganze Umgebung... — barbarisch.

Meinst du Arroganz?

Arroganz, und ich merkte, bei uns zu Hause in den Ämtern saßen nur noch Frauen, und das war eine Art von Bürokratie, die dich beschützt. Zunächst haben mir Soldaten furchtbar imponiert — mißversteh das nicht! Aber weißt du, als ich die ersten Verwundeten sah, dann auch Tote, Leute, die vom Himmel heruntersegelten als Fackeln, ich dachte dann nicht, daß die anderen so furchtbar gemein sind. Ich hätte die lynchen können, die da Berlin kaputtgemacht haben. Den zweiten Teil hab ich in München erlebt, sechs Tage Feuersturm. Ja, und dann nach dem Zusammenbruch erlebte ich, wie sich Besatzer verhalten und wie sich Frauen verhalten, die überleben wollen.

Sich prostituieren?

Ja, auf irgendeine Weise, ich hab meine Bastelfähigkeiten prostituiert, habe Gott-weiß-was geschnitzt, gemalt, gestrickt, und dadurch nicht schlecht gelebt. Dann bin ich in meine Kleinstadt zurückgekehrt. Die Vergewaltigung war noch in Schleswig-Holstein. Ich war damals noch tuberkolosekrank und eben nicht sehr kräftig.

Wie alt warst denn du da genau?

Ich war da zwanzig, ich war damals SPD-Mitglied. Von der SPD aus haben wir eine Tanzerei gemacht, und der, den wir immer überall hingeschickt haben, der war Mitglied in einer Dienstgruppe und furchtbar nett und doof. Und der karrte mich dann mit dem großen Dienstgruppenwagen nach Hause, aber eben nicht ganz nach Hause, er hat mich dann im Führerhaus vergewaltigt.

Lilo, wann hattest du die erste Freundin?

Die erste Freundin hatte ich mit 19. Die lernte ich in einem Tuberkolosekrankenhaus kennen. Sie kam aus dem KZ. Ja, wie soll ich das schildern.

Es berührt dich sehr?

Wir waren da 18 Mädchen in einem Krankensaal zu ebener Erde, das war früher der Tanzsaal eines Dorfgasthauses. Es waren zwei Frauen dabei, die machten Musik, wir tanzten, und es war richtig eine wunderschöne Atmosphäre. Außer uns war noch ein lesbisches Pärchen da, das es wahrscheinlich nicht ganz bewußt gekriegt hat, auch den Ausdruck wohl ablehnte, und die fühlten sich über uns erhaben. Weil wir es wissen wollten. Ich war zuerst irgendwie, bei Austausch von Zärtlichkeiten... — Menschenskind, was ist das. Sie war zwei Jahre älter als ich, in der Nähe von Hamburg aufgewachsen. Sie war sehr fürsorglich und mütterlich und dabei so ein Spritzer, wie wir ihn von Berlin kennen, das haben die Hamburger zur Teil auch. Und das war eigentlich die Frau meines Lebens. Nach einem Jahr ist sie gestorben, sie sah so wohl aus und wirkte so kräftig, kam eine Gallengeschichte dazu. Dabei ist natürlich volle Bewußtheit dann eingetreten. Nach ihrem Tod — wir hatten Pläne gemacht: Wir bleiben selbstverständlich zusammen, wir nehmen uns ein Zimmer, ich wollte sowieso Lehrerin werden, und sie sagte, sie hätte viel mehr vor... Ja, und das wurde dann nichts. Eine merkwürdige Sache, wenn man ein Paket zurück-bekommt, Adressat verstorben. Ich dachte, wir sind die beiden einzigen Menschen. Ja, ich wußte zwar von ihrer Freundin damals bei der Luftwaffe, und daß es ein paar lesbische Frauen in Hamburg gab. Aber mein Gott, wie die finden, und ich hatte auch Angst davor. Kesse Väter, das hatt' ich dann schon mitgekriegt, daß da mitunter rüde Bräuche herrschen. Ich kehrte dann also in meine Heimatstadt zurück in die DDR. Ich hatte ja diese Kurzausbildung und war ein X bei der Außenstelle der Landesbildstelle und dann FDJ[3]. Es hatte viele Jungen, weniger Mädchen, und irgendwie hatte ich das Gefühl, wenn es nicht auch zwei, drei Mädchen gegeben hätte, die ich kannte und die zur Ausbildung in Berlin waren, so wäre es für mich viel schwieriger gewesen, da zu leben.

Dann sagte mir mal ein ehemaliger Klassenkamerad, du, mit dir ist das anders. Bei dir findet man nichts. Ich mochte die eine Schulamtsbewerberin, für die der sich selber sehr interessierte, die mochte ich auch sehr gern. Ich weiß nicht mehr genau, wie der das formulierte. Ja, von da an war mir das Dahingehen fürchterlich verleidet, und ich sah sie dann alle tanzen, na schön, ich tanzte auch mit, und es war nichts, überhaupt nichts. Und ich fühlte mich ganz außenstehend, und dann war das damals die Zeit, wo sie dann die dröhnenden Transistorradios kreierten, und überall hörtest du, wie schön das Leben ist und wie schön die Liebe ist.

Hat dich dies nicht berührt?

Ja, ich war draußen. In dem Stadium habe ich mich also von dem nächstbesten... — das war ein viel älterer Mann, der war 18 Jahre älter als ich, hatte eine sehr nette, väterliche Art und war der einzige Mann, zu dem ich Vertrauen hatte und nicht einmal berechtigterweise, wie sich hinterher herausstellen sollte. Also sexuell war es ziemlich fürchterlich, ich hatte natürlich meine Versuche gemacht.

Warst du mit ihm verheiratet?

Nein, verlobt, drei Jahre.

Hast du ein Kind?

Nein, mehrfach angebumst, ich hab also zweimal abgetrieben. Und er hat mir erklärt, er hätte eine gut behandelte Lähmung aus dem Krieg plus Wirbelsäulenschuß, und aus diesem Grunde würde er also falsch reagieren bzw. nichts schnell genug merken für den berühmten Rückzieher. Dann hab ich aber von seinen Kneipenkumpels was ganz anderes erfahren: Schorsch wollte dich anboxen, dem hat es gestunken, daß du ewig nicht heiraten willst. Ja, und dann hab ich ihn also rausgeprügelt. Das war übrigens schon hier in Berlin, das war nach der Flucht.

Wie ging es dann hier in Berlin weiter?

Ich muß noch was zurückholen. In meiner Lehrerausbildung in Brandenburg an der Havel schaffte ich mir eine Freundin an. Die kam aus Polen, hatte auch klein bißchen einschlägige Erfahrungen aus ihrem Lagerleben. Na ja, wir waren da internatsmäßig untergebracht. Sie und ich — das war eine Rarität —, wir bekamen ein Zweibettzimmer, alle anderen waren zu fünfen, achten und so weiter. Und da ergab sich das, hab also ein Verhältnis mit ihr angefangen, während meiner Verlobungszeit. Schorsch wußte das, bzw. ich hatte es ihm gesagt, der tolerierte das. Ja, und ich bin der Sache sehr spät auf die Schliche gekommen. Er hatte es sich sehr nett gedacht, wenn zwei Frauen schlafen. Ich meine, es ist nie zur Ausführung gekommen.

Ich hab ihn dann nach der zweiten Abtreibung achtkantig rausgeschmissen, und von da an wußte ich — ich hatte dann hier inzwischen auch Lesben kennengelernt — von da an wußte ich, nun ist Schluß mit diesem Kerl. Nun überleg dir mal, du hast nichts als Schmerzen und — ja, mir war bewußt, wenn du Kinder hast, bist du eine Sklavin. Nicht, daß ich nicht Kinder hätte haben wollen, durchaus und grundsätzlich. Aber es kam noch hinzu, meine Schwester ist behindert. Damals war man noch nicht so weit, man befürchtete die Erblichkeit. Es war eine Mosaikgeschichte, die also heute weitgehend aufgeklärt ist. Aber damals noch nicht. Deshalb war ich so dahinterher, so ein Kind wollte ich nicht haben, es war zu schlimm.

Lilo, wie ging es hier mit deiner Beziehung dann weiter?

Ja, dann kam das große Suchen. Ich verkehrte also in den verschiedensten Sublokalen.

Welche gab's denn damals?

Kathi und Eva, dann in der Adalbertstraße. Das waren die hauptsächlichen.

Und das war 1955?

Ja, von '52 bis '55. Bei Kathi und Eva lernte ich dann auch eine Krankengymnastin kennen, weil ich gerade keine Freundin hatte. Die hatte eine künstlerische, kreative Ader. Daß sich auch noch wahrwitzautorität ist und eine Narzisse, das hab ich erst später gemerkt. Ich zog mit ihr zusammen. Ihre alte Mutter, Mutter Frida, führte den Haushalt und war ein so liebes altes Weiblein, hochgebildet. Die liebte ich. Und deshalb blieb ich zwei Jahre. Die Krankengymnastin — das war also die, die im Krieg Heilgymnastin gelernt hatte und dann einen Schneckenkurs[4] machte — und ich half dann beim Studium; hier hab ich also eingepaukt. Den nächsten Kurs, denn Vollkurs, den lernte ich auch kennen. Die waren dann als Praktikantinnen im Waldkrankenhaus mit P. zusammen. P. brachte die öfter mal zum Lernen und dann auch für Kolleginnenabende nach Hause. Ein ganz netter Haufen. Da fielen mit zwei auf, die immer sehr gut zusammen arbeiteten: die eine davon hieß G. — P. sagte immer, ehe ich G. kennenlernte, weißt du, da ist eine junge Krankengymnastin, wenn die einen anguckt, dann mußt du machen, was sie will. Es ist mit zwar nicht ganz so gegangen, aber es hat sich ein so starkes Zusammengehörigkeitsgefühl herausgebildet, daß dann das Sexuelle nachher — es mußte halt kommen.

Also du hast dann praktisch die Beziehung gewechselt?

Ja, mit P. hab ich eh nichts mehr gehabt. Wir wohnten gemeinsam.

Mit G. warst du ganz schön lange zusammen?

15 Jahre zusammen. Wahrscheinlich ist es so, daß wir wahnsinnig abhängig voneinander geworden sind, und wir brachten natürlich auch die unguten Seiten ein. Ich brachte meine Vereinsamung im Studium und eine sich entwickelnde und von mir völlig unerkannte langjährige Depression. Die entwickelte sich natürlich auch, weil ich dann erkannte, daß G. Alkoholikerin ist. Ich hab also viel Mühe darauf verwendet, daß sie zum Dienst ging. Eigentlich habe ich mit Schuld, daß sie eine ausgesprochene Alkoholikerin wurde, ich habe sie nämlich erst vom Predulin weggebracht, mit Erpressung. Und

dann griff sie voll auf Alkohol zurück, das hab ich zunächst nicht erkannt. Und ich weiß nicht, ob sie noch ihrem Mann nachtrauerte, da war dann jedenfalls das Kind, und auf die Weise brachte sie eine Menge Schuldgefühle ein. Ich wurde fast in eine Vaterrolle hineingedrängt, die ich bekotzt fand. Ich hab für das Gör gesorgt. Ja, und dann wurde ich eigentlich in der Außenwelt immer fremder. Und ich selber war eigentlich nur in der Wohnung mit G., und es war aber irgendwo etwas. Sie war krank, alkoholkrank, und ich merkte, mit mir ist auch irgendwas nicht in Ordnung. Ich war früher ein ganz fröhlicher Mensch, ich konnte nicht mehr froh sein. Nicht, daß das Denken unbedingt schwerfiel, aber Erinnern fiel schwer. Das ging eine idiotisch lange Zeit. Ich hab G. manchmal um Hilfe angefleht: hilf mir doch! — sie wußte ja nicht. Ich bin also mit Zickzack um sämtliche erreichbaren Examina herum und habe auch, nachdem ich erkannt hatte, dieses Studienfach ist beschissen für mich, nicht den Mumm gehabt, umzusatteln. Habe dann ohne Studienfachwechsel alles mögliche andere als Gasthörer besucht.

Du hast Studium generale gemacht?

Ja, das hab ich wirklich.

Lilo, du bist dann auch zum Psychoanalytiker gegangen?

Ja, dazu bin ich gekommen wie die Jungfrau zum Kind. Ich bin also mit Taschentuch vor dem Mund aus einer Klausur raus, und da ging mir jemand hinterher, eine Frau, und sagte: „Sagen Sie mal, Ihnen ist gar nicht gut, auch körperlich nicht." Dann hat sie mir was in die Hand gesteckt. Na ja, und da ging ich dann hin. Und ich konnte eigentlich immer noch ganz gut sprechen, das war mit noch nicht erfroren. Und auf einmal war ich dann bei der Inneren Mission — dieser fürchterlich lange Titel: Ehe, Erziehungs- und sonstige Lebensfragen — gelandet. Die Therapeutin hat ein enormes Einfühlungsvermögen gehabt, und ich habe schlagartig eine Übertragung gehabt und reagierte also mit sexueller Enthaltsamkeit. Ich war — mit anderen Worten — entsetzlich verliebt in diese Frau. Aber mir wurde dann klar, daß ich da eine Menge ertragen habe. Ich bin dann also lange behandelt worden, und zwar zunächst alle vierzehn Tage und dann in immer größeren Abständen.

Während dieser Zeit hab ich also mein Studium geschmissen, ganz und gar, und bin Buchhalterin geworden, hab also meine Angst vor unseren Formen des Alltagslebens verloren.

Ja, noch ein Nachtrag zur Psychotherapie: Natürlich wurde versucht, meine sogenannte Veranlagung — das war ja einer der Gründe, weshalb sie mich überhaupt angenommen hatten — mich umzupolen quasi. Das ging in der Form: „Frau A., wissen sie überhaupt, was Männer denken? Sehen Sie, die Hälfte der Menschheit sind doch Männer, ohne sie kommen wir nicht aus, Sie wären ja auch nicht auf der Welt ohne einen Mann, wollen Sie nicht mit Männern reden...?"

Du hast doch im Beruf mit Männer geredet?

Ja, ja, natürlich, aber ich hatte eine sehr feindliche Haltung, die hab ich heute noch, aber abgewandelt. Wenn ich mit Männern ins Gespräch komme, mit ihnen reden kann, sind das für mich Menschen wie alle. Wenn sie mir arrogant entgegentreten, da ist also der Bart ab. — Ja, und der Effekt dieser Ansprache, dieser versuchten Programmierung war tatsächlich der, daß mir alle Männer, denen ich begegnete, die rannten mir plötzlich nach, ich hab gar nichts dazu getan, bloß der Stacheldraht war weg. Und ich habe tatsächlich noch mit einem Mann Verkehr gehabt daraufhin, ein Mann von der Apo, der eines Tages vor meiner Tür stand, anfing zu weinen — ich hatte ihn zwei Jahre nicht gesehen, der kam nämlich aus U-Haft. Ein Mann in meinem Alter. Den hab ich dann aufgenommen, und dann die Programmierung von der Psychotherapie, und der dachte, er muß mir einen Gefallen tun. Nachher hab ich festgestellt, der ist schwul — was'n Blödsinn.

Wie ging das dann mit der Therapie weiter?

Der erste Teil, wenn ich das so im Nachhinein überblicke, war die Sensibilisierung gegenüber jeglicher Änderung. Ich hatte also Schwellenangst vor den unmöglichsten Dingen, wenn ich zum Beispiel durch irgendeine Sache in mein Wirtschaftsinstitut gehen mußte. In den anderen Fächern, die ich studierte, beispielsweise chemische Technologie und Wirtschaftsgeographie, da in den Instituten hab ich mich wohlgefühlt, komisch nicht. Bei aller rigorosen Studienorganisation damals schon: war irgendwie ein menschlicher Bezirk. Beispielsweise im geographischen Institut, da war ich befreundet mit einer Kommilitonin, die auch aus Berlin stammte, mit der ich fast was angefangen hätte.

Aber du warst doch mit G. zusammen?

Ja, ich war nicht treu. Ich war von dem Moment an nicht treu, als ich merkte, G. hat einen Freund neben mir — den hatte sie nicht, er sie. Da ging es mir sehr schlecht.

Ja, G. war Stiefeltrinkerin. Aber sie hatte eigentlich kaum jemals diese sonst für Alkoholikerinnen üblichen Tobsuchtsanfälle, sondern es ging so mit Nörgeln einher. Und mit einem Menschen, der eine Begabung hat, ausgeglichen zu sein, ist es schlimm, wenn da so Schritt für Schritt und fast unmerklich das einrastet, also die Projektion, wenn der Selbsthaß auf die Partnerin projiziert wird. Also ich konnte da nur mit der Psychotherapeutin rauskommen. Ich hatte G. immer noch gern, ich hab sie jetzt noch sehr gern.

Ihr seid ja jetzt auch schon Jahrzehnte zusammen?

Ja, wahrscheinlich hängt das irgendwie zusammen, daß man die Partnerin sehr, sehr intensiv kennengelernt hat. Und daß man sich selber in dem gleichen Maße kennenlernt und richtig beurteilt. Das ist eine so starke Barriere, du stehst dann da, die andere weiß genau, was mit dir los ist, und du weißt es dieser Barriere wegen einfach nicht. Und das hab ich eigentlich abgebaut. Ich würde sagen, während der Psychotherapie ist mein unwahrscheinlich ins Kraut geschossenes Über-Ich auf normale Maße zurechtgestutzt worden, vielleicht kleiner als Normalmaße, in mancher Hinsicht.

Ich würde sagen, daß du jetzt ein großzügiger Mensch bist, auch mit dem Lesbischsein.

Ja, ich find es gar nicht schlimm, wenn ein Mensch kriminell ist, sondern schlimm finde ich, wie er dazu kommt. Also daß er das auslebt, finde ich nicht schlimm...

Lilo, um nochmals zurückzukommen: Wie ging dann die Beziehung zu G. zu Ende? Die Gründe waren ja bei euch beiden enorme Schuldgefühle.

Ja, und dann natürlich auch als Folge des Alkohols eine starke Enthaltsamkeit von G. Und daher dann auch, daß ich immer mal mit einer anderen Frau zusammen war.

Das hast du dann gemacht?

Und während der Psychotherapie hab ich völlig enthaltsam gelebt.

Du warst ja auch in die Analytikerin verliebt.

Ja, das war richtiggehend ... das nahm die Form von Tagträumen an. Aber merkwürdigerweise so gezielt, ich hatte diese Tagträume auch während der Arbeit. Das war immer so, daß die Arbeit phantastisch laufen konnte. Was weiß ich, was da nebeneinander, untereinander laufen kann, es ist mir eben eine Menge bewußter geworden. Ja, als ich nach Kreuzberg zog — nicht verfeindet mit G. —, schaffte ich mir Telefon an. Dann hingen wir praktisch jeden Tag miteinander am Telefon und immer mal, mal war sie da und sagte: „Mensch Lilo, komm nach Hause", oder ich rief an, „mir fällt doch diese Stinkbude auf den Kopf". Das war ein Haus am Planufer, was von unten her anfing zu faulen, es stank entsetzlich.

Na ja, und dann lernte ich also eine Freundin kennen durch meine Mutter. Die war darauf spezialisiert, auszunehmen, und zwar war sie, ich würde sagen bisexuell. Sie lebte mit ihrer Schwester zusammen. Ich hab das hinterher erst rausgekriegt, daß das gar nicht ihre Schwester war. Die hatten zusammen schon mal einen Taxifahrer ausgenommen, also nicht räuberisch, sondern eben legal. Die nächste sollte ich sein. Na ja, ich bin also mit einem blauen Auge da rausgekommen. Blöderweise hab ich da G. mit reingezogen, denn diese R. interessierte sich sehr für meine bisherige Freundin. Die hat da psychologisches Geschick gehabt, und auf einmal waren G. und R. zusammen, aber nur sehr kurzfristig. R. ist sehr destruktiv gewesen. Ich war mit der sogenannten Schwester zusammen.

In der Zeit hörte ich vom LAZ und hab bloß die Kurve nicht gekriegt, dahinzugehen zum LAZ. Denn ich hörte, daß sich frau bekennen soll, in diesem ersten Film, und ich sah darin keinen Nutzen. Und wenn man in einer feindlichen Umwelt, die also uns als Sündenböcke braucht, sehr dringend braucht, wenn man sich da demaskiert, muß es wirklich einen sehr überzeugenden Effekt haben. Meines Erachtens hatte es den nicht. Ich hatte ein bißchen Angst vor dem Druck, mit an meiner Arbeitsstelle demaskieren zu müssen. Wir sind zu wenige, als daß es einen Effekt haben könnte, das ist meine Meinung. Es kann völlig falsch sein. Vielleicht könnte das eine Schneeball-Lawinenwirkung haben — aber großes Fragezeichen.

Aber irgendwann bist du doch im LAZ aufgetaucht?

Nachdem ich dieses liebliche Geschwisterpaar losgeworden war, mit einem blauen Auge. Ja und dann bin ich sozusagen mit geknickten Flügeln zu G. zurück. Das heißt, wir haben nie wieder eine Beziehung angefangen, plötzlich waren wir Schwestern.

Wie eine Freundschaft?

Ich litt darunter, daß meine Schwester... — es war keine Schwester, sondern ein Mensch, der Hilfe braucht. Ja und dann lernte ich eine Frau kennen per Annonce, die hat was vom LAZ erzählt. Es war überhaupt nichts mit der Frau, es war eine kurzfristige Beziehung.

Nein, aber jedenfalls war ich dann im LAZ, nein, bei der L'74. Die L'74 war neu gegründet worden. Ich dachte mir, die L'74 ist dasjenige für mich.

Ja, und dann warst du von Anfang an dabei?

Ja, wie dann die UKZ gemacht wurde, dann hatte ich praktisch einen Hauptjob, und der war UKZ, und nebenbei hat ich Buchhaltung in der Firma gemacht, eine sehr befriedigende Zeit. Wenn ich so im Rückblick bin, es war eigentlich die schönste Zeit meines Lebens.

Das ist ja ein tolles Kompliment.

Ja, und in der L'74 war ich praktisch mit Y. zusammen.

War das für euch sehr schwierig, weil doch zwischen euch ein erheblicher Altersunterschied war?

Nein, das war's nicht. Das war die Prägung. Also ich weiß nicht, vielleicht quatsche ich zu viel. Also so im Miteinander hat Y. das sehr angenehm empfunden, ich war jemand, der sie stärken konnte.

Aber sie hat, glaub ich, eine Lebensmaxime: an dem, was du von dir gibst, kannst du festgehalten werden.

Ja, und Tabus hab ich also laufende Meter gebrochen. Ja, und war es vielleicht von ihrer Seite aus der Altersunterschied — sie hatte dann Heterofreundinnen und ging auch mit einer Heterofreundin auf Urlaub nach Sizilien. Und als ich zu ihr sagte: „Jahrelang hatte ich eine Freundin, die verreiste immer mit Gott-wem, und endlich hab ich das dick, das kann ich nicht mehr", da sagte sie: „Ich hab überhaupt nichts dagegen, daß du mitkommst, bloß wie soll ich dich der B. servieren, als Tante vielleicht?" Sie hat es sicher nicht so gemeint, aber irgendwie bei mir rastete was aus, für sie unhörbar wahrscheinlich. Ja, wahrscheinlich mußte das so sein. Denn hier in meiner Stellung, ach Gott, ich hab so schön verdient, und alle Welt meinte, ich bin die rechte Hand vom Chef. Ich hockte aber allein in meinem Kabuff und hatte alle Anzeichen von Isolierungs-Mangel, Mangelerscheinungen. Es war so, ich konnte mit einigen Kollegen. Aber es waren welche dabei, die hatten das spitzgekriegt. Ich war also „die Lesbe". Wir hatten einen Schwulen dabei, dem gelang es, sich sozusagen auf meine Kosten zu exkulpieren.

Kannst du den Vorgang mal schildern, wie das vor sich geht?

Also, ich bin der bessere Schwule als du. „Weiber, Weiber, ich bin zwar eure Karla, aber ich bin doch wenigstens ein Mann." Und es waren in dem Haufen meines Erachtens erhebliche latente homosexuelle Schwingungen. Beispielsweise der „Machthaber" im Lager, der war auch der kleine Mann im Ohr der Chefin, der mochte die Gesellenkundschaft, das war ja ein Großhandel, also was war der nett zu denen, da konntest du dich direkt freuen. Und mit Frauen war er kurz angebunden. Er war zwar verheiratet — er haßte, verachtete Frauen. Und ich war die Personalverwalterin. Ich hatte keinerlei Zügel anzuziehen und machte die Arbeit, wurde auch unter dem Gesichtswinkel als Betriebsrat gewählt: „Die kommt an alle Papiere ran, die weiß alles, die macht es auch und soll sie ruhig." Aber als Frau und dann auch noch als Lesbe hatte ich keine Geltung. — Ich hab so einen hübschen Song gehört: lesbisch, lesbisch und ein bißchen schwul. Einen Teil der Zeit, die ich da war, hab ich also vereist reagiert, und erst als ich in meiner Psychotherapie so weit war, keine Angst und keine Schuldgefühle mehr zu haben, also nachdem ich mich akzeptiert hatte, da hab ich dann weiter gesungen, habe ich mir diesen „Machthaber" genommen und hab gesagt: „Biste eigentlich schwul oder biste lesbisch?" — und damit war der Bann gebrochen.

Vielleicht hat der auch vor dir Schiß gehabt.

Natürlich, denn ich hatte ja eine Machtposition, denn ich war die Frau im Ohr des Chefs, und er der kleine Mann im Ohr der Chefin.

Anmerkungen

1. gemeint sind die Funktionäre der DDR
2. die Mädchen haben darüber miteinander geredet
3. Freie Deutsche Jugend (staatliche Jugendorganisation)
4. Ausdruck für die verkürzten Ausbildungsgänge nach dem Kriege

(1977) aus: Lesbenfront 20/1985

Urteil des Bundesverfassungsgerichtes vom 10. 5. 1957 (Auszug)

b) Eine Prüfung ergibt jedoch, daß der Grundsatz der Gleichberechtigung von Mann und Frau für die gesetzgeberische Behandlung der männlichen und der weiblichen Homosexualität keinen Maßstab abgibt.

Bereits in der Entscheidung des Bundesverfassungsgerichts vom 18. Dezember 1953 (BVerfGE 3, 225) ist darauf hingewiesen, daß — unbeschadet des Grundsatzes der Gleichberechtigung — im Bereich des damals zur Erörterung stehenden Familienrechts „im Hinblick auf die objektiven biologischen oder funktionalen (arbeitsteiligen) Unterschiede nach der Natur des jeweiligen Lebensverhältnisses auch eine besondere rechtliche Regelung erlaubt oder sogar notwendig ist (z.B. alle Bestimmungen zum Schutze der Frau als Mutter, Differenzierungen der Art der Leistung für die Familiengemeinschaft)" (aaO [242]). Der gleiche Gedanke trägt die Entscheidung vom 25. Mai 1956 (BVerfGE 5, 9 [12]), in der es sich um die Vereinbarkeit von Arbeitszeitbeschränkungen zugunsten der Frau mit Art. 3 Abs. 2 und 3 GG hadelte. Die Vereinbarkeit ist hier bejaht worden, weil die angegriffene Norm eine Regelung trifft, „die der biologischen Besonderheit der Frau im Rahmen ihres Arbeitsverhältnisses schützend Rechnung trägt".

Auch für das Gebiet der Homosexualität rechtfertigen biologische Verschiedenheiten eine unterschiedliche Behandlung der Geschlechter. Die Verwendung des Ausdrucks „wegen seines Geschlechts" in Art. 3 Abs. 3 GG scheint allerdings darauf hinzudeuten, daß gerade solche Unterscheidungen untersagt sind. Mit dieser Auslegung wird man dem Sinn dieser Bestimmung jedoch nicht gerecht: Wie der ganze Grundrechtsteil des Grundgesetzes hat auch Art. 3 GG den Menschen als sozialbezogene Persönlichkeit im Auge; daher gilt das Verbot der Differenzierung nach dem Vergleichspaar Mann-Frau nur dann, wenn der zu ordnende soziale Lebenstatbestand essentiell vergleichbar ist, d.h. wenn er, vom Geschlecht der Betroffenen abgesehen, weitere wesentliche Elemente umfaßt, die ihrerseits gleich sind. Es müssen also den für Mann und Frau zu vergleichenden Tatbeständen wesentliche Elemente gemeinsam sein, die verglichen werden können — wie z.B. im Arbeitsrecht oder im Wahlrecht. Diese Voraussetzung für die Anwendung von Art. 3 Abs. 3 GG fehlt nicht nur, wenn gemeinsame Elemente überhaupt nicht vorhanden sind, sie ist auch dann nicht gegeben, wenn der biologische Geschlechtsunterschied den Lebenssachverhalt so entscheidend prägt, daß etwa vergleichbare Elemente daneben vollkommen zurücktreten. Auch dann sind für eine natürliche Auffassung vergleichbare Tatbestände nicht mehr gegeben, so daß die verschiedene Behandlung von Mann und Frau mit den in Art. 3 Abs. 3 GG gebrauchten Begriffen „Benachteiligen" und „Bevorzugen" nicht mehr sinnvoll zu erfassen ist — sie passen nicht mehr.

Die Unanwendbarkeit des Art. 3 Abs. 3 GG — und dasselbe gilt für Abs. 2 dieses Artikels — aus diesen Gründen ist evident, wenn der zu ordnende Lebenstatbestand überhaupt nur in *einem* Geschlecht verwirklicht werden kann. Zum Beispiel kann der Mann, da nur die Frau Mutter wird, durch Bestimmungen zum Schutz der Mutter niemals im Rechtssinn bevorzugt oder benachteiligt werden. Deshalb spielt die Gleichberechtigung keine Rolle im gesamten Gebiet des Mutterschutzes.

Ebenso schließen die oben entwickelten Gründe die Anwendung der Abs. 2 und 3 des Art. 3 GG im Bereich des Sexualstrafrechts aus, für dessen Tatbestände der Geschlechtstrieb des Menschen das konstituierende Element ist. Ohne weiteres ergibt sich ihre Unanwendbarkeit auf Strafbestimmungen, die dadurch notwendig werden, daß die zwischen den Geschlechtern bestehende Spannung typische soziale Gefahren mit sich bringt. Diese Spannung beruht gerade auf der natürlichen Verschiedenheit der beiden Geschlechter, so daß der Geschlechtsunterschied für diese Gruppe von Strafbestimmungen der notwendige Ausgangspunkt ist. Hier wird der Straftatbestand wesentlich dadurch bestimmt, daß der Mann als männliches Geschlechtswesen, die Frau als weibliches Geschlechtswesen in Erscheinung tritt und aus der besonderen biologischen Eigenart der beiden Geschlechter sich typische besondere Gefahrensituationen ergeben. Es kann daher keine Rede davon sein, daß es Art. 3 Abs. 2 und 3 GG verletzen würde, wenn beispielsweise die Strafdrohungen der §§ 177 (Notzucht) oder 181 a (Zuhälterei) sich einseitig gegen das männliche Geschlecht richten.

Bei der gleichgeschlechtlichen Liebe handelt es sich nun nicht um das Spannungsverhältnis zwischen den Geschlechtern, da die beteiligten Personen nicht zu dem anderen, sondern zu dem eigenen Geschlecht in Beziehung treten. Daraus folgt aber keineswegs, daß männliche und weibliche Homosexualität vergleichbare Tatbestände im Sinne von Art. 3

Abs. 2 und 3 GG bilden. Gemeinsam ist hier zwar der formale Oberbegriff der „gleichgeschlechtlichen" oder „widernatürlichen" Unzucht, nicht aber sind es die entscheidenden Elemente des Tatbestandes. Mann und Frau können als verschiedene Geschlechtswesen auch die gleichgeschlechtliche Unzucht nur in den ihrem Geschlecht möglichen und eigenen Formen ausüben. Diese besondere Geschlechtsprägung der gleichgeschlechtlichen Unzucht tritt wie in der Verschiedenartigkeit der körperlichen Begehungsformen so auch in dem verschiedenartigen psychischen Verhalten bei diesen Vorgängen zutage und bestimmt von diesen biologischen Verschiedenheiten her deutlich das gesamte Sozialbild dieser Form sexueller Betätigung.

Die Beweisaufnahme hat dies zur vollen Überzeugung des Gerichts geklärt. Sie hat zunächst ergeben, daß die Verbreitung der weiblichen Homosexualität hinter der der männlichen erheblich zurückbleibt. Allerdings sind die deutschen Sachverständigen mangels statistischer Unterlagen insoweit auf Vermutungen angewiesen, ihr Urteil über das Ausmaß der Verbreitung ist daher nicht einheitlich, zumal die ungleiche strafrechtliche Behandlung von schwer durchschaubarer Bedeutung für Häufigkeit und Bekanntwerden der einzelnen Fälle ist. Besonders aufschlußreich ist daher das Gutachten des Sachverständigen Grassberger über die Verhältnisse in Österreich, wo die Homosexualität bei beiden Geschlechtern in gleicher Weise bestraft wird. Seinem Gutachten liegt Material für 6.098 Fälle männlicher und 142 Fälle weiblicher Homosexualität aus den Jahren 1922 bis 1936 und für 3.550 Fälle männlicher und 114 Fälle weiblicher Homosexualität aus den Jahren 1946 bis 1953 zugrunde. Dieses Material zeigt, daß in Österreich die Zahl der wegen lesbischer Liebe verurteilten Frauen weniger als 4 % der wegen gleichgeschlechtlicher Unzucht verurteilten Männer erreicht, und daß damit der Anteil von Frauen an den Verurteilungen wegen gleichgeschlechtlicher Unzucht nur rund ein Siebentel ihrer Beteiligung an der gesamten Kriminalität beträgt. Dabei betont der Sachverständige ausdrücklich, daß dieser zahlenmäßige Unterschied nicht auf einer bei den Frauen höheren Dunkelziffer beruht, die etwa aus einer unterschiedlichen Verfolgungsintensität zu erklären wäre.

Gewiß kann es für die Vergleichbarkeit männlicher und weiblicher Homosexualität als Straftatbestand nicht entscheidend auf die Häufigkeit solcher Fälle ankommen. Trotzdem hat die Verschiedenheit der Quantität ihre Bedeutung, denn sie ist ein wichtiges Symptom auch für eine qualitative Verschiedenheit; sie legt den Gedanken nahe, daß beide

Tatbestände als soziale Phänomene ihrem Wesen nach verschieden sind. Das wird durch die Sachverständigengutachten bestätigt.

Wie der Sachverständige Giese dargelegt hat, müssen bei der Sexualität zwei Aspekte unterschieden werden: ein generativ-vegetativer, d.h. ein Aspekt auf das unbewußte Funktionieren des Körpers im Zusammenhang mit der Geschlechtlichkeit, und ein davon geprägter sozialer Aspekt. Schon die körperliche Bildung der Geschlechtsorgane weist für den Mann auf eine mehr drängende und fordernde, für die Frau auf eine mehr hinnehmende und zur Hingabe bereite Funktion hin. Dieser Unterschied der physiologischen Funktion läßt sich aus dem Zusammenhang des geschlechtlichen Seins nicht ausgliedern, er ist mit konstituierend für Mann und Frau als Geschlechtswesen (Kroh). Der entscheidende Unterschied zwischen Mann und Frau — der alle übrigen Unterschiede im Keim in sich schließt — ist aber unter dem generativ-vegetativen Aspekt die Tatsache, daß sich das Vatersein an den kurzen Zeugungsvorgang nicht über weitere generativ-vegetative Leistungen, sondern nur durch zeitlich davon getrennte Leistungen anschließt, während die sozialen Leistungen des Mutterseins mit dem Vorgang des Empfangens über die generativ-vegetativen Leistungen der Schwangerschaft, der Geburt und des Stillens, also durch einen langdauernden natürlichen Prozeß, unmittelbar verknüpft sind. Anders als der Mann wird die Frau unwillkürlich schon durch ihren Körper daran erinnert, daß das Sexualleben mit Lasten verbunden ist. Damit mag es zusammenhängen, daß bei der Frau körperliche Begierde (Sexualität) und zärtliche Empfindungsfähigkeit (Erotik) fast immer miteinander verschmolzen sind, während beim Manne, und zwar gerade beim Homosexuellen, beide Komponenten vielfach getrennt bleiben (Wiethold-Hallermann). Die Gefahr einer Akzentverschiebung zu Lasten der Bereitschaft, Verantwortung zu übernehmen, und zugunsten des bloßen Lustgewinnes ist daher eine besondere Gefahr der männlichen Sexualität. Die kulturelle Aufgabe, Lustgewinn und Bereitschaft zur Verantwortung zu verbinden, wird von „dem männlichen Sexualverhalten extrem häufiger ... verfehlt" als von dem weiblichen (Giese).

Diese Verschiedenheiten des Geschlechtslebens machen sich bei der Gleichgeschlechtlichkeit womöglich noch stärker geltend als bei heterosexuellen Beziehungen, da der auf Mutterschaft angelegte Organismus der Frau unwillkürlich den Weg weist, auch dann in einem übertragenen sozialen Sinne fraulich-mütterlich zu wirken, wenn sie biologisch nicht Mutter ist, während eine entsprechende Kompensation beim Manne fehlt. So gelingt der lesbisch veranlagten Frau das

Durchhalten sexueller Abstinenz leichter, während der homosexuelle Mann dazu neigt, einem hemmungslosen Sexualbedürfnis zu verfallen (Giese; ähnlich Grassberger und Scheuner).

Für die Verschiedenheit männlicher und weiblicher Homosexualität spielt es ferner eine Rolle, daß die Anfälligkeit gegen Verführung der zum gleichgeschlechtlichen Verkehr Aufgeforderten in der Pubertät je nach dem Geschlecht verschieden ist. Alle Sachverständigen stimmen darin überein, daß es in der Pubertät eine Phase der Zielunsicherheit des Geschlechtstriebes gibt, und daß die in dieser Periode empfangenen Eindrücke von entscheidender Bedeutung für die Prägung der Persönlichkeit des Heranwachsenden sein können. Eine homosexuelle Verführung in dieser Altersstufe ist besonders geeignet, zu Fehlprägungen des sexuellen Empfindens zu führen, wobei offen bleiben kann, ob diese Gefahr nur da besteht, wo die Veranlagung des Verführten ihre Verwirklichung begünstigt. Die Gefahr solcher Fehlprägung ist aber bei Mädchen weit geringer als bei männlichen Jugendlichen. Diese allgemeine Erfahrung wird von den Sachverständigen zum Teil darauf zurückgeführt, daß das Mädchen weit mehr als der Knabe durch ein natürliches Gefühl für sexuelle Ordnung bewahrt werde, zum Teil darauf, daß die Mädchen altersmäßig früher auf heterosexuelle Beziehungen fixiert seien (Scheuner, Wiethold-Hallermann).

Weiterhin lehrt die Erfahrung, daß die Lesbierin nicht in dem gleichen Maße ausschließlich gleichgeschlechtlich eingestellt ist wie der homosexuelle Mann, so daß für die Lesbierin der „Umschlag zum anderen Geschlecht" (Scheuner) leichter möglich ist (ebenso Grassberger, Wenzky, Kroh).

Die geschilderten Unterschiede des Natürlichen werden auch im sozialen Aspekt sichtbar.

So kann der bei beiden Geschlechtern vorhandene Trieb zu einem „Überbau", einem „Zuhause" (Giese) zwar auch bei homosexuellen Männern zu Dauerbeziehungen führen, jedoch gelingen sie selten. Männliche Homosexuelle streben häufig zu einer homosexuellen Gruppe, lehnen aber familienhafte Bindungen meist ab und neigen zu ständigem Partnerwechsel. Lesbische Verhältnisse hingegen tendieren allgemein zur Dauerhaftigkeit (Scheuner, Wenzky, Giese). Zieht man dazu die größere geschlechtliche Aggressivität des Mannes in Betracht, so macht schon das evident, daß die Gefahr der Verbreitung der Homosexualität beim Manne weit größer ist als bei der Frau.

Außerordentlich verstärkt wird dieser Unterschied durch den Unterschied in der begehrten Alterslage des Partners (Grasberger). Jugendliche Lesbierinnen fehlen; Fälle von Verführung weiblicher Jugendlicher durch Lesbierinnen oder gar der Knabenschändung analoge Tendenzen sind unbekannt (Wenzky, Wiethold-Hallermann, Giese). Dieses soziale Erscheinungsbild der weiblichen Homosexualität wird nicht beeinflußt durch Einzelfälle, wie sie die Sachverständigen Kretschmer und Schelsky erwähnt haben, dieser nur unter Hinweis auf ihm gegenüber gelegentlich gemachte Mitteilungen. In der Regel richtet sich das Begehren der aktiven Lesbierin nicht auf die jugendliche, sondern auf die geschlechtlich erfahrene Frau. Die Mehrzahl der zum gleichgeschlechtlichen Verkehr aufgeforderten Frauen befindet sich im Alter von 18 bis 37 Jahren. Bei den Frauen besteht daher ein weitgehender Gleichklang im Alter der Beteiligten (Grassberger). Demgegenüber liebt der typisch homosexuelle Mann den Jüngling und neigt dazu, ihn zu verführen (Wiethold-Hallermann); er sucht den 20- bis 27-jährigen „jünglinghaften" gleichwohl bereits reifen Mann (Giese). Daneben gibt es die Gruppe der Päderasten, die die Altersspanne von 12 bis 17 Jahren „bis zum Bartwuchs" begehrt (Giese, auch Scheuner und Kroh).

Ein weiterer Unterschied im sozialen Erscheinungsbild männlicher und weiblicher Homosexualität ist es, daß das Strichjungenwesen eine spezifische Erscheinung der männlichen Homosexualität darstellt. Keinem der Sachverständigen war eine nur-lesbische Prostitution überhaupt bekannt; nach den Angaben des Sachverständigen Wenzky gibt es z.B. in Köln 230 bis 240 Strichjungen, aber keine eigentliche lesbische Prostitution, nur etwa 4 der 350 bis 380 weiblichen Prostituierten verkehren auch mit Lesbierinnen. Unter 170 Fällen weiblicher Homosexualität, die der Sachverständige Grassberger untersucht hat, spielten materielle Erwägungen nur in einem einzigen Falle eine Rolle.

Sodann tritt die männliche Homosexualität unvergleichlich viel stärker als die weibliche in der Öffentlichkeit in Erscheinung, was wesentlich durch das größere weibliche Schamgefühl und die größere Zurückhaltung der Frau in Geschlechtsfragen bedingt sein dürfte. Anbahnung, Schließung und Fortführung lesbischer Verhältnisse bleiben privater (Kretschmer, Giese, Schelsky, Scheuner).

Die Verschiedenheit des Sozialbildes zeigt sich schließlich darin, daß angesichts des auch bei der Lesbierin vorhandenen Überwiegens zärtlicher Empfindungen über das rein Geschlechtliche zwischen einer lesbischen

Beziehung und einer zärtlichen Frauenfreundschaft kaum eine Grenze zu ziehen ist. Infolgedessen wären Frauen, wenn weibliche Homosexualität unter Strafe gestellt würde, der Gefahr der Erpressung in weit höherem Maße ausgesetzt als Männer (Schelsky, Wiethold-Hallermann).

Während die übrigen Sachverständigen übereinstimmend männliche und weibliche Sexualität, durch die Verschiedenheit von Mann und Frau als Geschlechtswesen bedingt, als etwas Verschiedenes ansehen, vertritt der Sachverständige Kretschmer eine etwas andere Auffassung. Zwar hat auch er nicht in Abrede gestellt, daß Unterschiede zwischen der männlichen und weiblichen Sexualität vorhanden sind — er hat das als selbstverständlich bezeichnet und hinzugefügt, es sei „ja wohl auch kaum anders zu erwarten, als daß diese Nuancen in der männlichen und weiblichen Sexualität irgendwie auch in dem Verhältnis zwischen Homosexuellen zum Ausdruck kommen". In seinen weiteren Ausführungen hat er jedoch den Akzent auf die Merkmale gelegt, „die im öffentlichen Interesse liegen", d.h. er hat sich die Frage gestellt, ob hinsichtlich der sozialen Gefährdung, der Gefahr der „Bedrohung von Personen und Rechtsgütern", die weibliche und die männliche Homosexualität durchgreifende Unterschiede aufweisen. Von dieser besonderen Fragestellung aus hat er das Bestehen „wirklich grundsätzlicher Unterschiede" zwischen der Homosexualität beider Geschlechter verneint; hinsichtlich der Sozialgefährlichkeit (Gefährdung Jugendlicher, öffentliche Ärgerniserregung namentlich durch Propaganda, Prostitution) sind nach seiner Ansicht die Unterschiede mehr qualitativer als eigentlich grundsätzlicher Art. Sie erklären sich seiner Ansicht nach nur teilweise aus der sexuellen Eigenart von Mann und Frau, die ja auch innerhalb des Geschlechts vielfältige Varianten zeige, weitgehend dagegen aus der verschiedenen „öffentlichen Belichtung", die u.a. gerade durch die verschiedene forensische Behandlung herbeigeführt werde. Das Gutachten des Sachverständigen Kretschmer weicht also von denen der anderen Sachverständigen nicht darin ab, daß er Verschiedenheiten zwischen der männlichen und weiblichen Homosexualität verneint, sondern darin, daß er diese Verschiedenheiten anders erklärt und ihre Bedeutung unter dem Gesichtspunkt der sozialen Gefährlichkeit anders bewertet. Diese Ausführungen, die im Ergebnis die Straflosigkeit der Homosexualität zwischen Erwachsenen, aber einen besonderen Schutz auch des jungen Mädchens gegen homosexuelle Verführung, vielleicht auch die Bestrafung des bloßen „Verleitens" über das „Verführen" im Sinne des § 175 a Nr. 3 StGB hinaus wünschenswert erscheinen lassen könnten, mögen de lege ferenda Bedeutung haben, sie können aber für die verfassungsrechtliche

Prüfung des geltenden Rechts am Maßstab des Art. 3 GG nicht maßgebend sein. Entscheidend ist, ob es sich von den biologischen Verschiedenheiten her bei der männlichen und der weiblichen Homosexualität um verschiedene Tatbestände handelt. Hiervon ist das Gericht auf Grund des Gesamtergebnisses der Beweisaufnahme überzeugt. Daher kann der Verfassungssatz von der Gleichberechtigung der Geschlechter hier keine Anwendung finden.

Diese Feststellung wird noch dadurch bestätigt, daß in dem Kampf um die Gleichberechtigung der Geschlechter von einer Gleichbehandlung männlicher und weiblicher Homosexualität niemals die Rede war.

Gewiß bediente man sich bei den Bemühungen, die Bestrafung der männlichen Homosexualität zu beseitigen, auch des Arguments, eine nur gegen die männliche Homosexualität gerichtete Strafbestimmung sei gerade wegen dieser Einseitigkeit ungerecht. Doch wurde aus diesem Argument nicht schlechthin die Forderung nach Gleichbehandlung der Geschlechter abgeleitet, vielmehr wurde auf die ungleiche Behandlung der Geschlechter nur hingewiesen, um die Strafbarkeit der Homosexualität überhaupt zu bekämpfen. In der sich über mehr als ein halbes Jahrhundert erstreckenden öffentlichen und wissenschaftlichen allgemeinen Diskussion um die Gleichberechtigung von Mann und Frau ist, soweit erkennbar, niemals eine Gleichbehandlung der Geschlechter im Sexualstrafrecht gefordert worden.

Auch bei der Schaffung der Absätze 2 und 3 des Art. 3 GG wurde nicht daran gedacht, daß diese Bestimung in das geltende Sexualstrafrecht zugunsten einer formalen Gleichstellung der Geschlechter eingreifen könne. Allerdings kann der Gesetzesgeschichte für die Auslegung der einzelnen Bestimmungen des Grundgesetzes ausschlaggebende Bedeutung in der Regel nicht zukommen. Doch spiegelt sich in der Tatsache, daß der Verfassungsgeber eine solche Folge gar nicht erwogen hat, das natürliche Gefühl für die Verschiedenheit männlicher und weiblicher Homosexualität.

Eine weitere Bestätigung dieser Auffassung ist es schließlich, daß auch der Bundestag es unterlassen hat, in dem 3. Strafrechtsänderungsgesetz vom 4. August 1953 die §§ 175 f StGB zu ändern, obwohl dieses Gesetz nicht nur das Strafgesetzbuch von überholten, insbesondere von national-sozialistischen Bestimmungen säubern, sondern es auch dem nach Ablauf der Übergangsfrist des Art. 117 Abs. 1 GG unbeschränkt in Geltung getretenen Grundsatz der Gleichberechtigung der Geschlechter anpassen sollte. Wenn der Gesetzgeber bei diesem Anlaß auf die §§ 175 f. StGB nicht zurückkam, so offenbar deswegen, weil er an ihrer Vereinbarkeit mit Art. 3 GG nicht ernstlich zweifelte.

Nach alledem ist das Differenzierungsverbot des Art. 3 Abs. 2 und 3 GG im Rahmen der Strafbestimmungen gegen gleichgeschlechtliche Unzucht nicht anwendbar, weil die Eigenart der Frau als weibliches Geschlechtswesen und die Eigenart des Mannes als männliches Geschlechtswesen den Tatbestand so wesentlich und so entscheidend verschieden prägen, daß das vergleichbare Element, die anormale Wendung des Triebes auf das eigene Geschlecht, zurücktritt und lesbische Liebe und männliche Homosexualität im Rechtssinne als nicht vergleichbare Tatbestände erscheinen.

(B) Kann das Vergleichspaar männliche und weibliche Homosexualität nicht unter Art. 3 Abs. 2, 3 GG subsumiert werden, so entfällt damit auch die Anwendbarkeit von Art. 3 Abs. 1; denn auch Art. 3 Abs. 1 GG setzt den Vergleich im wesentlichen gleicher Tatbestände voraus, woran es, wie dargelegt, hier fehlt.

Das weitere Vorbringen des Beschwerdeführers, die Bestrafung der einfachen männlichen Homosexualität sei willkürlich, weil daran kein öffentliches Interesse bestehe, macht einen unberechtigten Eingriff staatlicher Gewalt in die persönliche Freiheit geltend. Dieser Einwand ist unter dem Gesichtspunkt von Art. 2 GG zu prüfen.

In: Entscheidungen des Bundesverfassungsgerichtes, Band 6, 1957, S. 389 - 443

Bücher und Umweltschutz-briefpapier für Lesben & Schwule!

Verlag Frühlings Erwachen
Schweffelstr. 6, D-2300 Kiel 1